또 다른 시작을 준비하는
당신을 응원합니다.

돈을 만드는 N잡러의
사람을 모으는 기술

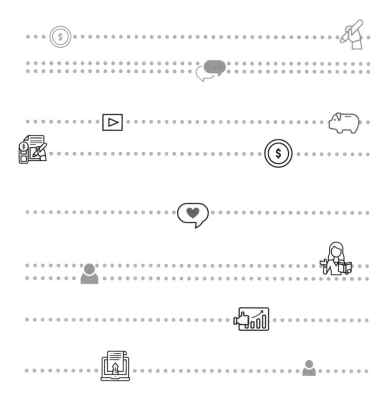

최광미 지음

돈을 만드는 N잡러의
사람을 모으는 기술

Booksgo

어느 자기계발서 덕후의 변명

　나는 자기계발서 덕후이다. 자기계발서를 읽을 때 느껴지는 마음속 작은 열정을 사랑한다. 그냥 흘러가는 시간을 아까워한다. 그렇다고 매시간 열과 성을 다해 사는 것도 아니다. 열정을 사랑하지만 어떻게 할지는 잘 모른다. 그렇게 느슨함과 끓어오름을 왔다 갔다 한다.

　주기적으로 성공학과 자기계발서 코너를 서성이며 베스트셀러를 집어 든다. 그럴 때는 느슨한 내 삶에 열정을 수혈하고 싶어졌다는 의미다. 혹자는 이런 종류의 책이나 강연을 좋아하는 사람은 현실에 만족하지 못하는 사람이라고 꼬집는다. 생각해보니 맞다. 무엇인가 현실을 바꾸고 싶은 것이다. 그들의 성공 스토리를 보면서 묘한 쾌감을 느낀다. 나도 언젠가는 그렇게 되리라 생각하면서 대리만족을 한다.

　멋지게 이뤄낸 책 속 주인공의 모습에 감화도 잘 받는다. 뜨거운 마음으로 나도 저렇게 해낼 수 있을까 하면서 저자 소개를 다시 읽어본다. 그러면 8할이 넘는 확률로 이런 생각을 하게 된다.

'에이 속았다', '서울대를 나왔네, 머리부터 남다른 거였어'라던 가, 어린 시절 해외 주재원 부모님을 따라 외국에 오래 체류하였다는 소개 글을 보며 나와는 다른 사람이라고 생각한다. 내게는 성공의 배경을 자꾸만 특별한 이력이나 경험에서 찾으려는 못난 습성이 있었다. 지극히 평범한 내가 책을 쓰고 싶었던 이유가 바로 이것 때문이다.

'N잡? 이 사람은 온라인 마케터라 가능했겠지?', '저 사람은 국문과를 나와서 원래 글을 잘 쓰는구나' 하는 비겁한 핑계를 대는 과거의 '나' 같은 사람들에게 작은 채찍질이 되길 바라는 마음을 이 책에 담았다.

나는 본명과 닉네임, 두 개의 이름으로 살고 있다. 현실판 '나'는 본명으로 살아간다. 평범한 40대, 아내, 토끼 같은 두 자매의 엄마로 살며, 9 to 6를 지키는 성실한 직장인이다.

랜선 라이프 속 '나'는 '빛나다 님'이라고 불리는 닉네임을 가졌다. 엄청난 팔로워는 아니지만 찐 팬을 가진 소통하는 블로그이며, 글쟁이들만 모여 글을 쓴다는 '카카오 브런치 공모전'에도 당선된 나름 인정받는 브런치 작가이다. 디지털 노마드, 작가로 살고 싶은 사람들에게 내 경험을 강의하고 그 노하우를 PDF 전자책으로 만들어 판매하고 있다. 전자책 1권, 당선집 1권을 낸 출간 작가이다.

직업과 무관한 재능으로 월평균 150만 원이라는 부수입도 벌어들이고 있다. 하고 싶은 일이 생기면 프로젝트를 구성해서 나와 결이 맞는 사람들을 모아 온·오프라인 활동도 한다.

이 모든 걸 단 2년 만에 그리고 동시다발적으로 해내고 있다. 이해하기 쉽게 표현하자면 나는 '글 쓰는 엄마 N잡러'이다.

나는 글은 좀 쓰지만 전공한 적은 없고, N잡과 연관된 디지털과 마케팅, 강의와도 무관한 사람이었다. 처음 시작은 누구나 만들 수 있는 블로그였다. 늦게 배운 글 쓰는 기쁨에 쓰다 보니 숨어 있던 재능까지 찾아냈다. 이렇게 발견한 재능의 씨앗을 더 키워보고 싶어서 흔들리는 전철 속에서 줄을 쳐가며 책을 보고 이왕 쓴 글을 많이 봐주면 좋겠다는 마음에 마케팅과 디지털 기술까지 배우는 재미에 푹 빠져 있다. 관심을 확장할수록 시도할 수 있는 것이 많아지자 자연스레 삶의 영역도 넓어졌다.

무엇을 하면서 살지, 내가 잘하는 건 뭔지 수십 년간 고민했다. 이제는 그 도돌이표를 마치고 '하고 싶은 것 중 무엇을 차례로 시도해볼까?' 하는 행복한 고민을 한다.

수십 년간 고민하던 것을 단 2년 만에 찾을 수 있었던 이유는 '시작의 위대함'을 경험했기 때문이다. 이 시작의 자본금은 '0원'이다. 준비할 것은 오로지 '결심'만 있으면 된다. 경험하고 생각하는 모든 것이 자본이 되니 그저 쓰기만 하면 된다.

우리는 오프라인과 온라인의 경계가 허물어진 시대에 이미 들어섰다. 2020년에 준비도 없이 온라인 학습이 우리를 찾아온 것처럼, 앞으로는 온라인에 나만의 공간을 만들고 정보를 만들어내는 사람들이 중요해지는 시대가 올 것이라고 믿는다.

마우로 기엔은 《2030 축의 전환》에서 2030년은 지식경제의 시대가 된다고 말한다. 생활의 노하우부터 커리어로 쌓는 경험까지 정보로 교환하게 되는 삶을 살게 될지 모른다. 꼭 N잡러가 목표가 아니더라도 내 능력을 빛낼 수단에 온라인 활용과 디지털 능력은 이미 필수가 되는 시대가 되었다. 미래를 위해 무엇을 준비해야 할지 불안하다면 지금 당장 '블로그 글쓰기'부터 시작해보길 바란다.

고작 블로그에 글 하나 쓰던 그 시작이 지금의 나, 마이크로 인플루언서, 강사, 작가라는 N개의 명함과 부수입, 다양한 인맥까지 만들어주었다. 작은 시도와 성공의 경험은 삶에 관한 마인드까지 바꾸어주었다. 나의 작은 시작이 그러했듯이 생각지 못한 기회의 바다로 나가는 첫걸음을 여러분도 함께하기를 간절히 바란다.

평범한 40대 워킹맘이 만든 N개의 날갯짓이 여러분의 작은 시작에 미풍이 되어준다면 더할 나위 없겠다.

작가 빛나다 최광미

contents

PART 1

변화를 만드는 작은 시작,
글쓰기

PART 2

부캐가 탄생하는
글쓰기

PART 3

나의 단점도
콘텐츠가 된다

PART 4

온라인으로 얻는
세 가지 기회

PART 5

어쩌다 보니
N잡러가 되다

PART 1

변화를 만드는 작은 시작, 글쓰기

경단녀와
자격증

◇

보통 사람들은 새로운 일을 시작할 때 어떤 자격증을 딸지 먼저 고민한다. 일과 자격증은 떼려야 뗄 수 없는 연관성을 가졌기 때문이다. 취업과 이력서에서 자격증이 의미하는 것은 다양하다. 당락을 결정할 만큼 중요한 자격 사항이 되기도 하고 성실함을 나타내는 척도가 되기도 한다.

자격증은 취업에 유리한 조건을 만들어주는 '스펙'으로 통한다. 그래서 사람들은 원하는 직업을 위해서 수많은 자격증을 취득한다. 나도 그런 사람 중 한 명이었다. 전공 관련 자격증들을 취득했고, 자격증이 꼭 있어야 하는 곳에서 십 년 넘게 일하고 있다.

자격증은 나에게 일할 기회를 준 것이나 다름없다. 나의 쓸모를 한 장, 한 줄로 증명하기에 자격증만 한 것이 없다고 생각했고, 언제든 내가 일할 마음만 있다면 자격증이 있어서 가능하다고 믿었다. 하지만 자격증에는 적히지 않은 '상황적 유효기간'이 있다는 걸 알게 되면서 그 믿음에도 금이 가기 시작했다.

육아 문제로 퇴사 후 다시 직장을 구할 때였다. 나의 본캐, 직업인 '영양사'는 여성이 대부분이고 기혼여성도 취업하기가 유리한 직종이다. 십 년이 넘는 실무 경력과 필요한 자격증을 갖춘 나는 객관적으로 재취업에 충분한 조건이었다.

하지만 육아로 인한 '경력단절 여성'이라는 꼬리표는 자격증도, 경력도 무색하게 만들었다. 잠시 일하지 않았을 뿐인데 외부에서는 '경력단절'이란 기간만 확대경을 놓고 보는 것 같았다. 직업의 특성상 기혼자도 특별히 차별받지 않는다고 생각했는데 막상 재취업에는 어려움이 있었다.

여자의 커리어에서 경력단절 기간은 그 사유가 출산인지 육아인지를 막론하고 짧은 공백이 긴 경력을 가려 버린다. 남의 일이라고만 믿었던 여성의 경력단절 문제가 나의 일이 되는 순간이었다.

일하고 싶은 청년들도 자리가 없어서 취직을 못하고 멀쩡한 경력자들도 기혼자라는 이유로 일할 기회가 사라지는 심각한 '사회문제'를 그제야 실감했다.

사회 문제는 사회제도의 결함이나 모순으로 발생하는 모든 문제를 말한다. 개인이 단번에 해결할 수 없는 구조적 문제라서 대부분은 개혁보다는 순응하거나 돌아가는 방법을 택하기 마련이다.

나 역시 그런 사람 중의 하나였다. 경력단절로 재취업을 준비하는 기간이 길어지자 다른 일을 해볼까 생각했다. 어떤 다른 일이 있을까? 나는 엄마가 하기 좋은 일, 새로 시작하기 쉬운 일, 사회에서 많이 필요로 하는 일 중에 내가 할 만한 일을 찾았다. 그리고 경험도 경력도 없는 일을 하려면 뭔가를 배우고 자격증도 따야겠다며 정해진 순서처럼 생각했다. 능력을 증명하는 방법 중 가장 쉬운 것이 자격증이라고 이미 학습되었기 때문이다.

사회에서 나의 쓸모를 증명하기 위해 또 다른 자격증을 고민하다가 문득 '왜 또 자격증을 알아보고 있는 거지?' 하는 생각이 들었다. 자격증이 있어도 무용지물인 상황에서 '내가 또 가져야 할 자격은 대체 무엇일까?' 하는 의문이 든 것이다.

친구 A는 수십 개의 자격증을 가졌지만, 그것과 별개로 새로운 공부를 하고 있다. 출산, 육아로 쉬기 전에 멋지게 일하는 프로였지만, 이제는 다시 취업할 자리가 없다고 했다. 임신과 출산의 공백기가 그녀의 커리어를 장식장 속 트로피처럼 만든 것이다.

아이러니하게도 '경력단절 여성', '경력단절 재취업'으로 검색하면 제일 많이 나오는 결과가 '자격증'이다. 이것만 취득하면 재취업은 문제없다고 홍보한다. 자격과 경력의 배신을 몸소 겪어봤으면서 '유망한 자격증'의 유혹에 쉽게 넘어간다. 대부분 나처럼 다른 방법은 잘 모르기 때문이다.

일반적인 사람들은 아파야 병원을 찾는다. 미리 건강검진을 하는 일이 꽤 수고스럽기 때문이다. 시간도 내야 하고 귀찮은 검사를 받기 위한 준비도 해야 한다. 당장은 문제가 없기에 필요성을 느끼지 못하다가 몸이 고장 신호를 보내면 '아, 신호를 왜 무시했을까' 하며 반성한다.

커리어에 문제가 생겼을 때도 비슷하다. 일을 잘하고 있을 때는 무사태평한 마음이었는데 나에게 문제가 생기면서 그제야 자각이 드는 것이다. 평소에 건강을 관리하듯 미래를 위해 직업능력을 미리 대비했어야 하는 걸까 후회가 들기도 한다. 아프지 않은 삶을 위해 건강할 때 검진을 받는 것처럼, 지속하는 나의 커리어를 위해서 능력을 갱신해야 한다면 어떤 것을 준비해야 하는 걸까? 아무리 생각해도 기존에 내가 아는 방법 중에는 뾰족한 수가 없어 보였다.

미래의 유망 직종 같은 홍보 문구에 미혹될 나이도 아니고 취업률 100퍼센트 같은 숫자를 믿지도 않는다. 진짜 100세까지 일해야 할지도 모르는 우리가 본 적 없는 미래를 위해 무엇을 준비해야 맞는지 막막해졌다. 정확히는 몰라도 그동안 살아왔던 과거와 똑같은 방식의 준비는 아닐 것이란 예감만은 확실히 들었다.

수동태로
정해지는
인생의 적령기

◇

"그래서 셋째 계획은 확실히 없는 겁니까?"

이 무례한 질문에 "어유~ 전혀요"라고 답하며 억지로 웃었다. 그렇게 나의 가족계획을 회사에 답하고 경단녀를 탈출했다. 남의 가족계획까지 확답받고 싶어 하는 그들을 보면 확실히 '갑'은 '갑'이란 생각이 들었다.

계약서에서 통상 고용자는 '갑', 피고용자는 '을'로 칭한다. 주로 상대적 지위가 높은 사람을 '갑'으로 정하는 경우가 많아서 '갑질'이라는 신조어도 생겨났다. 채용의 주도권을 쥐고 있으니 상대적 지위가 높다고 인정까지는 해주더라도 개인사까지 관여하는 걸

보면 이래서 갑질이란 말이 나오나 싶다.

　노동을 제공하고 재화로 바꿔오는 계약 관계일 뿐인데 개인사까지 관여할 권리가 있다고 착각하는 걸까? 이런 일은 나만 겪은 특수한 경우가 아니라 흔히 일어나는 고용시장의 민낯이다.

　20대 때도 남자친구는 있는지, 결혼은 할 것인지와 같은 개인 프라이버시가 면접의 단골 질문이었다. 하나둘씩 결혼하는 30대 구간에 진입하면 입사 요건에 결혼은 최대 이슈가 된다. 결혼한다면 언제 할 것인지, 일 년 안에 할 계획은 있는지, 안 한다면 왜 안 하는지까지 해명 아닌 해명을 해야 한다.

　사실 결혼이란 것이 계획이 없다가도 운명적인 사람을 만나면 몇 개월 만에 하기도 하고, 청첩장을 찍어도 헤어질 수 있는 문제이다. 나는 그들이 결혼 적령기라 부르는 30대 초반에 이직하면서 여러 회사에 나의 결혼, 출산에 관한 계획을 해명한 경험이 있다. 그런 건 묻지 말라고 외치고 싶은 마음은 숨기고 순한 양처럼 대답하고 면접장을 나오고서야 투덜거렸다.

　물론 그들도 축적한 경험이 있다는 건 안다. 입사 후 적응해서 일 좀 하나 싶으면 청첩장을 내밀고 육아휴직을 이야기하는 그간의 경험들이 있을 것이다. 회사의 리스크를 모르는 건 아니지만 약속이나 한 듯 면접 마무리에서 결혼을 운운하는 것을 보면 21세기의 대한민국이 맞나 싶다.

다행히도 결혼 적령기라 불리는 시기에 육아휴직이 보장되는 곳에 성공적으로 이직했다. 그곳에서 두 아이의 출산휴가, 육아휴직을 쓸 수 있어 주변의 부러움을 샀지만, 보장 기간은 길지 않았다. 두 번째 육아휴직을 시작한 지 석 달 만에 조기 복직을 권유받은 것이다.

당시 나는 부서장 자리를 맡고 있었는데 '부서장 대행' 직원이 얼마 버티지 못하고 변경되는 일이 반복되자 이 사태를 어찌해야겠냐고 의논을 요청해왔다. 말이 좋아 의논이지, 내가 결정할 수 있는 건 별로 없었다. 법에서는 12개월 육아휴직을 보장했지만, 인사 피로도를 호소하는 경영진은 내 자리를 보호해줄 의사가 없어 보였다.

그래서 나는 회사의 책상과 엄마의 자리 중에 엄마를 선택했다. 그때 나를 가장 필요로 한 사람은 내 옆의 아이였다. 먹고 자고 싸는 것까지 내 손이 가야 하는, 겨우 백일이 지난 아이였기 때문이다. 그 선택을 후회하지 않았고 아이가 자라 기관에 보낼 수 있는 나이가 되면 다시 일을 시작할 수 있을 것이라 생각했다.

그렇다고 마냥 마음이 편했던 것은 아니다. 손을 놓고 있다가는 다시 현업으로 돌아오기 힘들 수도 있었다. 실제로 경력자를 뽑는 구인정보란에서 '경력단절 1년 이하', '경력단절 3년 이하'란 이상한 조항이 심심치 않게 보였다. 예전 동료에게 들었던 '경력단절 기간이 길어지면 취업이 어렵다'는 이야기를 현실로 마주했다.

엄마의 쉬는 기간은 육아를 위한 또 다른 경력이 쌓이는 건데, 기존의 커리어에 마이너스 금리가 적용된다. 저출산, 노령화 국가에서 임신, 출산의 기간을 고금리도 아닌 원금 보장만 해줘도 좋겠다는 건 욕심일까?

재취업을 위한 면접에서도 회사는 또 다른 부분에 관심을 보였다. 회사 어린이집을 운영하는 것도 아니면서 내 아이를 누가 돌보는지, 아프면 누가 맡아주는지, 셋째 계획은 없는지, 상상을 초월하는 질문을 쏟아낸다. 당연히 대비책을 마련해두고 구직하는 것인데 이력이나 능력보다 이런 것이 더 중요한가 보다.

회사가 찾고 있는 고용하기 좋은 사람은 대략 이직하고 바로 결혼하면 안 되고, 아이를 하나 낳고 나면 일정한 간격을 두고 둘째를 낳아야 한다. 휴직 기간은 3년을 넘기면 현장 감각이 떨어지니 공백은 짧을수록 좋고, 입사하고 곧바로 임신하면 안 된다. 고용하기 좋은 기혼여성은 육아 지원군이 든든하고 연장근무도 열외 없이 해낼 수 있는 사람이어야 한다. 과장한 게 아닐까 싶겠지만, 이런 조건 한두 개는 경험해본 적이 있을 것이다.

영양학과 전공과목에서 배우는 '생애주기 영양학'이라는 과목이 있다. 생애는 한 사람이 태어나서 사망할 때까지 한평생의 기간이다. 그 주기에 따라 필요한 인간의 영양 섭취와 관련된 지식을 식생활이나 의료에 응용하여 건강을 유지·증진하고 회복을 도모하는 것을 연구하고, 아동기, 청소년기, 청·장년기를 지나 노년기까지 주기별 건강 유지를 위해서 필요한 것을 권장하고 알리기 위한 지침을 만든다.

건강 유지는 개인과 사회의 중요한 가치이니 정해진 권고사항을 이견 없이 따르지만 '생애주기별 피고용자'의 조건은 누구에게 중요한 가치일까? 일하기 좋은 적령기, 고용하기 좋은 기혼여성의 조건이 개인이 아닌 조직이나 사회에만 맞춰진 느낌이 든다. 왜 다른 사람들이 정해둔 적령기를 따라서 살아가고 있을까?

나이가 마흔이 되어도 쉰이 되어도 고용되기 좋은 사람으로 인생의 계획을 맞춰가면서 살아야 하는 건지 답답했다. 20대 때는 마흔쯤 되면 내가 원하는 대로 살고 있을 줄 알았는데, 지금까지를 보면 앞으로 십 년 후, 이십 년 후도 별반 다르지 않을 것 같았다.

그럼 내가 원하는 인생은 언제쯤 살아볼 수 있는 건지, 삶은 내 것인데 누군가가 정해둔 커다란 길을 따라서 수동적으로 살아가고 있는 것 같았다. 회사에 속하는 삶만 살다가는 계속 그들이 정하는 적령기에 맞춘 삶을 살게 될 것 같았다. 회사에 다니면서 능동형 라이프를 꿈꾸는 건 상상 속 파랑새를 찾는 것일까?

대단한 그들과
나의 차이

◇

육아를 전담하느라 회사에 소속되지 않았던 시간 동안 새로운 고민을 하게 되었다. 도대체 일과 회사는 나에게 어떤 의미길래 이렇게 자존감이 떨어지는 걸까? 누군가는 맡아야 할 양육을 책임지고 있음에도, 사회적 활동 없이 월요일인지 금요일인지 모르는 시간을 보내면서 내 자아도 어디로 가는지 모르는 지경에 이르렀다. 고작 명함 한 장 없는 것뿐인데 이렇게 위축될 수 있는 건지 신기할 만큼 자존감이 떨어졌다.

양육은 아이를 보살펴서 자라게 한다는 뜻이다. 아이를 보살피다 보면 엄마보다 아이의 기본적 욕구를 우선해야 하는 경우가 생기기도 한다.

먹고 자는 생물학적 본능도 마음대로 보장받지 못하는 기간이기에 약해진 몸과 마음을 따라서 무기력감이나 우울감도 느낀다.

직장에서는 보수도 받고 성과에 대한 인정도 받는데 무보수에 24시간 구분 없이 역할을 수행하면서도 인정은 받지 못하는 느낌이 든다. '직장인'이란 명함은 나에게 어떤 의미인지를 다시 생각하고 어떤 일을 해야 할지 고민하기 시작하면서 '나는 누구인지'에 대한 질문까지 다다르게 되었다.

딸들이 커서 내게 어떤 삶을 살아야 하는지 물어본다면 '네가 원하는 건 뭐든지 하면서 행복하게 살아'라고 이야기할 것이다. 하지만 타인이 원하는 것에 맞추며 사는 내가 답을 해줄 자격이 있는지 의문이 들었다.

10대 아니 늦어도 20대에는 적성과 진로를 충분히 고민했어야 했는데, 그저 정해진 수순대로 따라오다 보니 뒤늦게 진짜 원하는 일이 무엇인가를 생각했다. 육아로 인한 '사회경력 단절의 시간'은 본격적으로 내가 원하는 것, 나라는 사람을 보여줄 수 있는 일을 생각하게 만들었다.

어른들이 시키는 대로 공부하고 진학을 하고 취업을 했다. 정해주는 길 말고 스스로 길을 내는 방법, 회사가 없는 삶, 내가 나를 책임지는 삶은 두렵기만 했다. 매월 입금되는 급여의 달콤함에 빠져 월급 노동자로 사는 것을 당연하게 여겼다.

내가 주도하는 삶을 살고 싶다면 그동안의 수동적인 행태는 벗어나야 했다. 행동이 변하려면 생각이 먼저 변해야 하는데 방법을 몰랐다. 내가 원하는 것도 잘 모르니 삶의 목표처럼 중요한 것은 더욱 오리무중이었다. 그때 나는 자신에 대해 모르는 것이 무척이나 답답했다. 하지만 몇십 년을 묻지 않고 살아왔는데, 짧은 기간 안에 나를 파악하고 삶의 목표점을 정하는 일이 어려운 것은 당연했다.

엄마라서 더 잘 살고 싶고 행복한 모습을 보여주고 싶었다. 그만큼 엄마라는 자리의 무게나 책임감이 남달랐다. 나의 커리어나 자아실현도 중요하지만, 가족과의 시간을 즐길 수 있고 엄마의 역할을 잘 수행할 수 있는 일을 하면서 행복하게 살고 싶었다.

행복을 위해서 돈과 시간이 필요했다. 더 많은 돈을 벌려면 가족과의 더 많은 시간을 저당 잡혀야 한다. 중요하게 생각하는 가치를 먼저 선택할 수 있으려면 '경제적인 여유'가 바탕이 돼야 한다고 생각했다.

누구처럼 부동산이나 주식 같은 재테크에 뛰어난 것도 아니고 자본금이 두둑해서 창업할 수 있는 상황도 아니었다. 불합리한 회사와의 계약에서 울며 겨자 먹기로 타협하지 않아도 되고 워라밸을 맞추며 살아가는 방법을 알아보다가 '엄마의 재테크'란 말을 처음 만나게 되었다.

유튜브 채널인 '소사장 소피아', '김유라TV', '이지영의 뉴리치 부자학', '김미경TV', '체인지 그라운드' 같은 유튜브 영상을 보면서 몰랐던 세상을 만났다.

세상에는 알아야 할 것들이 많았다. 그들도 돈도 없고 시간도 없는 평범한 엄마였다. 그런데 학교에서는 알려주지 않는 재테크, 유튜브로 새로운 삶을 개척해서 살고 있었다. 성실히 일했지만, 경제적으로는 더 어려웠던 과거를 돌아보면서 그때는 왜 몰랐을까를 이야기하는 그들의 성공 성장 스토리는 호기심을 끌기 충분했다.

경제적인 안정을 이뤄서 부럽기도 했지만, 평범한 아줌마에서 자기만의 세계를 만들어가는 모습이 유명 연예인보다 더 멋있어 보였다. '나도 저렇게 원하는 것을 다 시도해보면서 재밌게 살아보고 싶다'란 마음이 영상을 볼 때마다 생겼다. 하지만 그런 동기부여가 오래가지는 못했다.

영상을 보는 동안은 '나도 재테크 공부를 해야겠어', '뭐든 시작해야겠어'라고 다짐했지만 바로 실천하지 않았기 때문이다. 하나같이 그냥 시작하라는데 도대체 시작점은 어디서 어떻게 찾아야 할지도 몰랐다.

사실, 행동하지 않으면서 그런 영상을 보는 것은 아무런 의미가 없다. 그냥 보기만 하면 나중에는 다 알고 있는 듯한 착각까지 든다. 또 '저들은 자본이 있겠지', '금융권에 종사했으니 나보다 더 알 겠지'라는 비겁한 핑계를 대면서 그들의 노력을 애써 외면한다. 그 러다가 '다 아는 거네', '뻔한 말이네', '저런 말은 나도 하겠네', '진 짜 방법은 안 알려주겠지' 하면서 행동하지 않을 구실을 만든다. 그리고는 무언가 특별한 방법이나 엄청난 계기가 있으면 언젠가 는 변할 수 있다는 생각으로 위안해 버린다.

이런 생각을 하는 사람이라면 조금의 변화도 없을 것이다. 행동 하지 않는 사람은 변화할 수 없다. 실천하지 않는 지식은 진짜 아 는 것이 아니고 내 것도 아니다. 차라리 모르는 것이 더 낫다. 알아 도 행동으로 옮겨야 진짜 내 것이 되고 진짜 의미를 알게 된다.

그들이 말하는 방법을 나는 할 수 없는 일이라 단정지었다. 특 별한 사람이나 할 수 있다고 생각하면서 새로운 세상의 문턱까지 갔다가 발을 돌려서 제자리로 돌아왔다. 그리고 늘 하던 대로 지금 일이나 성실히 하자고 억지 위안을 했다.

그때는 변화를 시도해볼 준비가 되어 있지 않았다. 방법만 안다 고 변화할 수 있는 것이 아니다. 조금만 마음먹으면 정보가 차고 넘치는 세상에 살면서, 몰라서라기보다는 변화해야 할 이유를 못 느끼거나 시작할 준비가 안 돼서 못하는 경우가 대부분이다.

마음이 준비되지 않은 사람은 방법을 만나도 알아보지 못한다. 그리고 세상에 없는 불로초 같은 엄청난 방법만 찾아다니다 귀한 시간만 써버린다.

　미치도록 변화를 원하면서 한편으로는 두렵기도 했다. 그러나 작은 변화를 경험한 지금은 알겠다. 그들도 원래부터 특별한 사람은 아니며, 변화를 꿈꾸는 누구나 특별한 사람이 될 수 있다는 것을 말이다.

시작에 필요한
한 가지는
믿음

    변화의 씨앗은 밀어내고 일상으로 돌아왔지만, 마음속에 작은 불씨는 늘 남아 있었다. 이대로는 안 된다는 불안한 생각이 들기도 했지만, 일상의 관성은 강했다. 직장이란 안전지대는 언제나 아늑하기 때문이다. 정해진 일만 잘 처리하면 하루하루 시간은 잘 지나가고 당장 눈앞에 급한 일만 없으면 언제까지나 계속될 것만 같다.

    2019년 3월이었다. 습관처럼 네이버 메인 화면을 넘겨보다 사진이 예쁜 글에 눈이 멈추었고, '집에서 튤립 키우기'란 제목의 사진을 우연히 클릭해서 보게 되었다.

    구근식물인 튤립은 땅속에서 겨울부터 기다리다 봄에 피어난다. 테라스가 멋진 아파트 1층에서 튤립 구근부터 꽃이 피기까지 생육 과정이 기록된 글에 푹 빠져서 읽게 되었다. 멋진 인테리어 사진과 튤립이 자라는 생명의 오묘함 때문이기도 했지만, 평범한 일상을 멋지게 기록하는 글에 어쩐지 눈길이 갔다. 그동안 블로그 는 맛집이나 제품 후기를 검색할 때나 이용한다고 생각했는데, 처음으로 다른 느낌을 받은 것이다. 그 블로그에는 책을 읽고 나서의 소감, 일상에서 느낀 생각이 빠짐없이 기록되어 있었다.

예전에 유튜브로 봤지만 나는 시도조차 못했던 것들, 경제적 자유를 얻고 나를 위한 능동적인 삶을 살기 위해 준비하는 과정을 기록하고 있었다. 새벽에 일어나서 책을 읽고 부부가 같이 배우고 서로의 성장을 격려하는 일상은 놀라움을 넘어 충격에 가까웠다.

그동안 나는 가정과 회사에 충실한 현재를 만족하는 척하며 대단한 그들과 선을 그었다. 모르지만 배워가려는 노력으로 가득 찬 일상을 보니 저절로 반성이 되었다. '나는 못한 게 아니라 안 한 거였구나. 저들은 지금은 나와 비슷해도 머지않은 미래에 원하는 삶을 살겠구나'란 생각이 들었다.

자기계발서, 동기부여 영상을 질리게 봐도 못 찾던 그 시작의 실마리가 블로그 속 평범한 이웃에게 있었다. 나는 단번에 바뀌거나 성공할 방법만 찾고 있었다.

누구나 시작은 별 볼 일 없이 초라하다는 걸 알았지만 성공한 사람에게선 결과만 찾느라 '과정'을 쉽게 생각했다. 누군가의 진솔한 과정의 기록을 보자 노력한 시간이 제대로 느껴졌다. 그 사람이 평범한 나와 같은 사람이라 더 마음을 울렸다.

그 일은 인터넷 속 세상을 결과 중심이 아닌 과정을 보게 만드는 계기가 되었다. 작은 노력이라도 계속해야만 변화의 마중물이 된다는 것을 깊이 느끼게 되었다.

블로그는 시간순으로 기록이 쌓인다. 시간이 지났어도 몇 년 전 어떤 일을 했는지가 남겨진다. 지금 대단해 보이는 사람의 첫 시작이 어설프고 별 볼 일 없다는 것도 알게 되고, 24시간을 48시간처럼 사는 사람들이 어떤 노력으로 성장하고 있는지도 기록으로 만나면서 지금 나에게 필요한 것은 '행동'이라는 결심을 굳히게 되었다.

그때 처음 본 강의 모집 글이 있었는데 때마침 내가 사는 지역에서 열리는 강의였다. 아이가 어려서 언감생심 시간을 낸다는 생각조차 힘들었지만, 나도 모르게 신청을 해버렸다. 이번을 놓치면 다시는 변화할 기회를 만나지 못할 것 같았다.

그 강의는 '박현근 코치'의 '실용독서법'이라는 강의였다. 고졸 배달원이었던 그가 어떻게 전국을 누비는 독서법 강사가 되었는지 과정과 인생의 변화를 가져오는 법을 말해주는 동기부여 강의에 가까웠다. 강의 내용보다 작은 체구로 뿜어내던 열정적인 모습이 지금도 기억난다.

변화 계기가 이지성 작가의 《꿈꾸는 다락방》과 《독서 천재가 된 홍대리》를 읽고 나서란 말을 듣고 나의 십 년 전이 떠올랐다.

《꿈꾸는 다락방》에서 이야기하는 생생하게 꿈꾸면 실현된다는 듣기만 해도 설레는 꿈의 공식을 만나고 '이지성 작가'의 팬이되어 《독서 천재가 된 홍대리》, 《리딩으로 리드하라》, 《여자라면 힐러리처럼》 같은 책을 모조리 읽었다. 하지만 책을 읽어도 내 삶은 변하지 않았는데, 같은 동기부여를 받고 달라진 누군가를 만난 것이다.

같은 책을 읽고 동기부여를 받아도 열정을 소멸시키거나 증폭시키는 것은 오로지 자신의 문제였다. '내가 변하기 힘들었던 이유는 무엇일까?' 강의를 듣는 내내 이 질문이 머릿속을 떠나지 않았다. 강의를 듣고 집으로 돌아가면 마음속의 작은 불씨가 또 사라질까 봐 어떻게든 답을 찾아보고 싶었다.

3시간을 넘긴 강의가 끝날 즈음에야 결론을 내렸다. 변한 그에게는 있고 나에게는 없는 것, 바로 '믿음'이었다.

진짜 변할 수 있다고 스스로를 믿어야 행동할 수 있다. 인간은에너지를 보존하기 위해서 승산 있는 행동을 선택한다. 그래서 본능적으로 효율성을 중요하게 여긴다. 무의식에서 '의심' 신호를 보내는 일에 몸이 순순히 따라올 리 만무하다. 나부터 자신을 믿어야했다. '내가 할 수 있을까?'에서 '나도 할 수 있다'라고 생각이 바뀌어야 변화가 시작되는 것이다.

갑자기 변화하는 사람들은 죽다 살아나는 정도의 계기가 있을 거라고 생각했었다. 하지만 충격적인 계기나 사건으로 변화되는 일은 드라마 속에서나 일어난다. 변화는 사소한 것을 다른 마음으로 바라볼 때 생겨난다는 것을 그제야 깨달았다. 사소한 계기의 불씨도 변화할 수 있다는 작은 믿음이 더해져야 타오를 수 있다.

블로그라는
작은 시작

◇

그때의 나는 무엇을 시켰더라도 다 해봤을 것이다. 그게 무엇이든 따지지 않고 해보겠다는 마음을 먹었기 때문이다. 머리로만 느끼다 끝나면 안 된다는 생각밖에 없었다. 진짜 변화하려면 어쩔 수 없는 상황이라는 핑계도, '왜'라는 의문도 갖지 않기로 했다.

생각을 변화시키려고 책을 다시 읽기로 다짐했는데, 시간이 없다면 새벽 시간을 활용하라는 말을 실천해보기로 했다. 또 책을 읽고 나서도 생각을 정리하지 않으면 진짜 내 것이 되지 않으니 기록을 하라는 말에 바로 블로그를 쓰기로 마음먹었다.

그동안 내가 변화하지 못한 이유는 '행동하지 않은 것'과 '나를 믿지 않은 것'이었다. 두 가지 원인이 모두 내 안에 있었다. 결국, 내가 변해야 삶의 방향도 변하는 것이라는 진리가 그제야 마음에 와닿았다.

예전에 아이들 사진이나 올려두었던 블로그를 다시 써보면서 처음 알게 된 말이 있다. 지금은 너무도 흔하게 쓰이는 '디지털 노마드'란 말이다.

첨단기술을 뜻하는 '디지털digital'과 유목민을 뜻하는 '노마드nomad'의 합성어로, 첨단 디지털 장비를 갖추고 장소에 구애받지 않고 일하는 사람들을 가리키는 용어이다. 하나의 공간에 머물지 않고 옮겨 다니며 일하는 방식이 여기저기 떠돌았던 유목민의 모습을 연상시킨다고 하여 붙여진 이름이다.

블로그에는 자신을 '디지털 노마드'라고 소개하는 사람이 많았다. 노트북만 있으면 어디든 사무실이 되고, 학원에서는 들을 수 없는 강의를 하면서 온라인을 통해 수익을 창출하며 자신이 원하는 기간에 해외든 국내든 안식 휴가를 떠나는 모습을 기록했다.

자신이 잘하는 것을 이용하여 일자리를 창출하고, 일하고 쉬는 것을 스스로 결정할 수 있다니, 그동안 고민했던 것들이 한 번에 풀리는 느낌이었다.

'그래, 나도 디지털 노마드가 되어야겠어!' 그게 뭔지도 잘 모르면서 그렇게 결심했다. 사실 방법도 잘 몰랐다. 그냥 롤모델로 삼고 싶은 사람들을 정해서 그들의 블로그 글을 모조리 찾아 읽었다. 딸 방에 2층 침대를 놓고 외국인 게스트하우스로 활용하는 '스란'님, 대기업을 퇴사하고 근성 있게 블로그를 파고들어서 배운 적도 없는 블로그 강사가 된 '자유의지'님, 남들 다 가는 워킹홀리데이 경험을 기록화해서 수익이 되는 카페로 만들고 관련 책까지 출간한 '소영처럼'님과 같은 사람들의 이야기는 한 번도 들어보지도 못한 새로운 세계였다.

그들이 지난 시간을 어떻게 사용했는지를 알면 나도 할 수 있을 것 같았다. 그들은 모두 블로그를 중심으로 강의도 하고 정보도 전달했다.

블로그부터 무조건 열심히 해봐야겠다 싶었다. 하지만 누군가 보는 글을 써야 한다고 생각하니 민망함을 감출 수가 없었다. 작심하고 홍보를 해도 쉽게 알려지기 힘들다는 걸 지금은 알지만 처음 시작할 때는 '내가 누군지 사람들이 알면 어쩌지' 같은 고민을 하느라 망설이기도 했다. 하지만 목표가 생겼으니 일단 해보고, 안 되면 다 지워버리자 하는 마음으로 매일매일 아무 내용이나 썼다. 이상한 건 억지로 쓴다고 생각했는데 쓸수록 재미있었다.

오늘 글 한 개를 쓴다고 당장 수익이 나는 것도 아닌데 종일 블로그 생각이 떠나지를 않았다. 테트리스란 게임을 처음 했을 때 자려고 누우면 천장에서 내려오는 블록이 아른거리는 것처럼 세상의 모든 것들이 블로그와 연결돼서 보였다. 마치 블로그랑 연애하듯이 즐겼다. 내가 쓴 글에 '공감'이란 하트가 달리는 것도 기뻤고 인사치레지만 현실에서 듣기 힘든 칭찬의 말들도 신났다.

블로그로 '디지털 노마드'가 되겠다는 황당한 목표로 시작했지만, 그 과정이 즐거웠기에 지속할 수 있었다. 비슷한 관심사를 가진 사람들과 댓글로 나누는 대화들, 글로 쓰다 보니 알게 되는 내 생각이 더 재밌어서, 좋아하던 TV도 아예 보지 않았다. TV보다 블로그에 글을 적는 시간, 소통하는 시간이 더 의미 있게 느껴졌다.

노력하는 자보다 즐기는 자를 이기지 못한다는 말은 정말 사실이다. 이토록 즐겁게 한다면 멈출 이유가 없었다. 목표를 '디지털 노마드'로 정했지만, 과연 할 수 있을까 하는 의심도 있었다. 하지만 퇴근하고 아이들까지 재우고 나면 펼쳐지는 소통의 통로이자 자기표현의 장으로 블로그를 활용하다 보니 오히려 일상에도 활력이 되었다.

글 쓰는 N잡러의 시작은 블로그였다. 만약에 유튜브나 인스타그램이었다면 중도에 포기했을지도 모른다. 유튜브는 영상과 편집이라는 높은 벽이 있었고, 인스타그램은 감각적인 사진이라는 허들이 존재했다. 그런데 블로그는 달랐다. 사진 하나 없는 글도 가능하고, 사진만 있는 글도 가능하다. 키보드로 글자를 입력만 할 줄 알면 모두가 가능하다. 어렵지 않아서 마음먹고 바로 시작할 수 있었고 어떤 투자도 필요 없었다.

블로그가 처음 생기고 '파워블로그'로 호황을 누리던 시절이 있었다. 이제는 블로그보다는 유튜버, 인스타그램으로 검색하는 시대다. 그렇다고 블로그가 '뒷방 늙은이' 신세로 전락한 것은 아니다. 지금 블로그를 하는 것이 뒤늦은 시작이 아닐까 생각하기도 했지만, '이제야'가 아닌 '이제라도' 시작해야 한다는 말을 믿었다.

블로그는 제약이 없다. 나는 워킹맘이고 본업을 멈추고 새로운 일을 배우기에는 시간도, 돈도 부족했다. 무언가를 시작할 때 시간이나 돈 때문에 망설였던 나에게 블로그는 최적의 도구였다.

감수해야 할 리스크가 없는데 안 해볼 이유가 없었다. 가게를 계약하거나 투자 비용이 필요한 것도 아니라 오로지 '결심'만 있으면 시작할 수 있었다.

나를 이기고
시작하는
아침

◇

"진짜 어디 아픈 거야? 왜 그래?" 아침잠이 유난히 많은 내가 며칠째 새벽부터 일어나는 모습을 보고 남편이 한 말이다.

첫날은 '안 잤어?', 둘째 날은 '어?' 하다가 셋째 날이 되자 어디 아프냐고 물었다. 특별히 해야 할 일이 있는 것도 아니라서 이상하게 보였을 것이다. 블로그에 글을 써야 하는데 시간이 없어서 나는 새벽에 일어나기로 마음을 먹었다. 대단한 일도 아닌 블로그 때문에 새벽 5시에 일어났다면 어떤 생각이 드는가?

책을 보거나 블로그에 글을 쓰는 일을 위해 5시에 힘겹게 눈을 떠야 하는지를 묻는 것은 당연했다.

하지만 그때 나에게는 중요하고 또 중요했다. 회사도 사회적 인식도, 가정의 경제 상황도, 엄마라는 자리도 어느 것 하나 바꿀 수 없었다. 그렇다고 불평만 하면서 살아온 관성대로 살기는 더 싫었다. 이미 평범한 사람들이 자신의 변화를 통해서 삶의 방향을 조금씩 바꾸어 가는 새로운 세계를 보고 난 뒤였다.

원래부터 특별하고 대단한 사람은 없다는 걸 믿어보고 싶었다. 그래서 가족과 함께 떠난 여름휴가에서도 매일 5시에 일어나서 휴대폰으로 블로그 글을 썼다. 그렇게 6개월 이상을 새벽에 일어나서 책을 보고 블로그에 무엇이든 기록하는 것이 어렵지 않을 때까지 계속 시도했다.

'컬러 배스 효과'란 것이 있다. 컬러 배스 효과color bath effect는 '색을 입힌다'는 의미로 한 가지 색깔에 집중하면 해당 색을 가진 사물들이 눈에 띄는 현상을 말한다. 블로그로 책을 읽고 느낀 점을 쓰려고 하니 책을 읽는 사람들, 자기 성장과 자기계발에 관심이 많은 사람만 눈에 띄었다. 이전까지는 한 번도 보이지 않던 것들이 계속 눈앞에 나타났다.

대기업을 퇴사하고 치열한 자기관리와 성실한 투자로 경제적 자유와 '다꿈스쿨'이라는 어른들을 위한 학교를 세운 '청울림'(유대열)님의 블로그를 알게 되었다. 지방에 사는 나는 매일 '청울림'님의 글을 읽으면서 나태하게 살았던 과거를 반성하고 마음을 다잡았다.

성장하고 변화하고 싶은 사람들에게 자기관리와 마인드를 강조하는데, 새벽에 일어나는 것은 단순히 일찍 일어나는 행동이 아니라 나를 이기고 시작하는 하루라고 했다.

억지로 새벽에 눈을 떠본 사람은 안다. 세상에서 가장 무거운 게 왜 눈꺼풀인지를 실감할 수 있다. 진짜 나를 이기고 일어나는 아침이 맞다. 아직 해도 뜨지 않은 시간, 따뜻한 이불 속의 유혹과 새벽에 일어난다고 뭐가 바뀔까 하는 의구심이 강하게 든다. 새벽 기상은 매일매일 나에 대한 의심을 떨쳐내는 고군분투의 연속이다.

잠이 많아서 안 해본 방법이 없을 정도로 다양한 시도를 했다. 알람을 맞춘 휴대폰을 거실에 두고 알람이 울리면 벌떡 일어나게 만들기도 했고, 발밑에 물수건을 놓고 잠을 청하기도 했다. 이렇게까지 어려운 일인가 싶을 정도로 새벽의 시간을 나에게로 가져오는 건 힘이 들었다. 잠결에 알람을 꺼버려서 못 일어나는 날도 있었고 살짝 깼다가 '5분만', '꼭 일어나야 할까?'를 생각하다 다시 잠들기도 했다. 이틀은 성공하고 하루는 실패하더라도 끈을 놓지 않고 계속 시도했다.

2003년 사이쇼 히로시의 《아침형 인간》이 유행처럼 번지던 때가 있었다. 그 책을 읽고 하루 이틀 시도해보다가 '역시 난 저녁형 인간이야' 하고 포기했었다. 온라인 속 '자기계발' 좀 한다는 사람들, 성장 욕구가 강한 사람들은 대부분 미라클 모닝을 실천하고 있었다. '미라클 모닝'은 2016년 할 엘로드의 《미라클 모닝》에서 처음 쓴 말이다. 다들 바쁜 하루를 살지만, 아침 시간을 어떻게 보내냐에 따라 인생이 기적적으로 달라진다고 했다.

《미라클 모닝》에서 '첫 번째 한 시간은 하루의 방향키다. 만약 내가 하루의 첫 한 시간을 생산적으로 쓰기 위해 노력한다면, 나머지 하루도 그렇게 따라가게 된다'라고 이야기한다.

실제 경험해본 사람이라면 이 말이 무슨 말인지 알 수 있다. 졸린 눈을 비비고 책을 보고 하루 동안 할 일을 생각하면서 시작하는 하루는 여느 하루와는 달랐다. 아침의 첫 한 시간을 어떻게 보내는가는 하루를 달라지게 만들었고, 나를 조금씩 변화시켰다. 블로그에 글을 쓰기 위해 일찍 일어나면서 책 읽을 시간도 확보하게 했고 생각도 변화하게 만들었다. 매일 나를 이기고 시작하는 아침을 맞이하면서 작은 성취의 기쁨도 알아가게 되었다.

무수히 많은 점처럼 작은 행동들이 이어져 견고했던 수동적인 삶의 태도와 습관들이 여러 방향에서 조금씩 균열을 일으켰다. 마음가짐이 변하면 행동이 변한다. 행동이 변하면 그 신념은 더 강화된다. '할까?', '하지 말까?'를 묻는 대신 그냥 행동했던 시간이 변화라는 무거운 바퀴를 굴리기 시작했다.

나의
1호 팬 되기

◇

말에는 이상한 힘이 있다. 에모토 마사루의 《물은 답을 알고 있다》에서 보면 물 결정에게 각각 긍정의 언어와 부정의 언어를 들려줄 때 물 결정의 모양이 달라진다고 주장한다. 이 파동론이 과학이니 유사과학이니 논쟁이 있지만, 사람에게 좋은 말, 나쁜 말을 들려줄 때 미치는 영향은 과학을 가져오지 않더라도 쉽게 결과를 예상할 수 있다.

미루지 않고 행동하기로 한 나와의 약속 때문에 새벽에 일어나 책을 펴 들었지만, 마음속에는 '내가 무슨 대단한 변화를 하겠다고 이러고 있나' 하는 생각도 슬쩍 고개를 들었다. 모든 행동에는 목적이 필요하다. 목적이 없다면 실천은 흔들릴 수밖에 없다. 이렇게 하루하루 쌓아가면서 변화할 수 있다는 믿음이 목적이 된다. 행동을 지속하게 하는 원동력이 필요할 때 알게 된 것이 '자기 확언', '긍정 확언', '자기 긍정문'이다.

자신이 되고 싶은 모습을 확언으로 말하면서 강렬하게 자기 무의식에 심어주는 '자기 확언', 긍정적인 암시로 자신감과 자존감을 북돋우는 '긍정 확언'을 자신에게 소리 내어 말해주는 것이다.

사실 이런 확언을 직접 소리 내어 말하겠다는 결심부터가 쉽지 않다. 나는 새벽 5시에 일어나는 일보다 '나는 내가 좋다', '나는 무한의 가능성을 가졌다' 같은 말을 소리 내는 것이 더 어려웠다. 아무도 보고 있지 않지만, 그 모습이 생경하고 부끄러웠다. 그런 말이 유독 힘들었던 이유는 스스로에 대한 칭찬에 인색한 사람이었기 때문이었다.

새벽을 이기고 일어나서 '자기 긍정 확언'을 내 목소리로 나에게 들려주면서 매일 용기를 얻었다. '지금 힘들게 일어나서 책을 보거나 블로그 글을 쓰는 것이 나를 변하게 할 거야'라고 계속 말해주었다. 처음 시작할 때는 보고 읽기도 부끄럽고 가족들이 볼까봐 다른 종이 아래 꼭꼭 숨겨두었는데, 매일매일 외쳐주자 가족들이 있어도 큰 소리로 외칠 수 있게 되었다.

단지 읽는 연습을 해서가 아니라 긍정의 말들이 나에게 힘을 주었고, 생각도 조금씩 바꿔놓았다. 진짜 말에는 힘이 있는 것이 분명하다. 게다가 내가 나에게 주는 말의 힘은 그 어느 말보다 강력하다.

세계적인 베스트셀러 작가이자 심리 치료 전문가이자 루이스 L. 헤이의 《나는 할 수 있어》를 보면 자기 생각을 긍정적인 방향으로 바꾼다면 이 세상에 못 할 것이 없으며, '자기 확언'을 통해 누구나 변화할 수 있다고 말한다.

진짜 마음을 담아 나에게 긍정의 말을 건네보면 반신반의했던 마음이 사라지고 나에 대한 믿음이 솟아난다.

매일 아침 '자기 긍정 확언'을 여러 번 블로그에 기록했고 오랜 시간 지속해오는 것을 보고 '자기 긍정문 쓰기' 강의를 요청받기도 했다. '미라클 미타임'이라는 엄마들의 성장을 위한 모임에서 내가 긍정문을 썼던 이유와 어떻게 실천하면서 지속할 수 있었는지에 대한 경험을 나누었는데, 그날 참석한 수십 명의 사람이 모두 '긍정 확언문'을 완성하고 다음 날부터 실천하는 인증을 올려주었다.

한 번도 해보지 않은 사람에게 '긍정문'이란 것은 사실 낯간지러운 행동일 수 있다. 나는 그런 말은 죽어도 못한다고 말하는 사람도 있다. 하지만 그 사람들도 평소에 스스로 긍정의 말을 하고 있다는 사실을 모르고 있다.

중요한 시험을 치러 시험장에 들어갈 때, 떨리는 마음을 안정시키기 위해 나지막이 '잘할 수 있어! 침착하게 잘 치고 나오자' 같은 말을 해준 경험이 있지 않은가! 의도하고 하는 말이 아니라 나도 모르게 나오는 말이다. 인생의 중요한 순간에 온몸으로 자신을 응원하기 위해 나오는 말이다.

그런데 인생의 중요한 순간이 합격하길 바라는 시험날, 결혼식 같은 특별한 날만 있을까? 매일 맞이하는 하루도 우리 인생에 돌아오지 않는 중요한 시간이다. 우리의 인생에서 진짜 중요하지 않고 아무렇게나 흘려보내도 되는 날이 과연 있을까?

행동을 지속하기 위해서 자신에게 긍정의 말을 하기 시작했는데 어느덧 하루하루가 특별하고 소중하게 느껴졌다. 자신을 믿어주는 것은 특별한 것이 아니다. 지금 하는 일이 아주 작은 일이라도 진심으로 응원해 주는 것이다.

스스로가 나의 1호 팬이 되어서 용기를 주자. 나를 먼저 믿어주면 돌아가더라도 나는 도착한다는 확신이 생긴다. 설혹 방법이 틀렸더라도 좋은 경험이었다고 털어내고 또 다른 노력을 할 수 있도록 단단하게 만들어준다. 근원적으로 자신을 믿지 않으면 누구나 할 수 있는 작은 실패에 '내가 하는 일이 그렇지' 하고 쉽게 좌절하고 만다.

길을 모르면 물어갈 수 있는 여유, 없는 길도 만들어 갈 수 있는 배짱은 자신에 대한 믿음에서 시작한다.

자기 긍정문에 '나는 알람이 울리면 눈을 바로 뜬다'라고 썼더니 진짜 그런 사람이 되었다. '디지털 노마드'가 된다고 적으면서도 반신반의했는데 진짜로 실현되었다. 글쓰기를 전공하지도 않은 내가 마흔을 코앞에 두고 '작가가 되고 싶다'라고 적었는데 정말 작가가 되었다.

돈도 들지 않고 힘도 들지 않고 멋진 말도 필요 없다. 그냥 힘을 주는 말이면 어떤 말도 가능하다. 매일 나에게 해주고 싶은 말을 생각해보자. 그 한마디가 나에게 큰 응원이 되어주고 내 잠재의식에 들어와 진짜 현실로 이뤄지게 만들어 줄 것이다.

현실은 바꾸려는 의지를 가진 사람에게만 변화한 모습을 보여준다. 여러 번 변화를 꿈꿨지만, 번번이 실패했던 내가 '능동형 라이프'를 살아가는 엄마가 되기로 하고 조금씩 움직이자 맞물려 돌아가는 톱니바퀴처럼 조금씩 나의 시간을 움직일 수 있게 되었다. 내가 했다면 누구라도 할 수 있다. 믿으면 정말 그렇게 된다.

PART 2

부캐가 탄생하는
글쓰기

공개하는
글을 써야
달라진다

◇

앞에서도 이야기했지만 나는 블로그에 글을 써서 부캐 라이프
도 즐기고 N잡으로 확장할 수 있었다. 블로그를 시작해볼까 하다
처음 만나는 난관은 공개된 곳에 나를 드러낸다는 점이다.

'그래, 뭐든 기록하고 글로 써두면 좋기는 하지만 꼭 공개해야
할까?', '나 혼자 쓰고 보면 안 되는 걸까?', '누군가 내 생각이나 일
상을 아는 것이 부담스러운데' 이런 생각을 하면서 고민하는 것은
이상한 것이 아니다. 실제 나도 일상이나 생각을 공개하는 것에 거
부감이 있었다. 공인도 아닌데 아무도 궁금해하지 않는 글을 쓰는
게 의미가 있는지도 고민했었다.

나 혼자 보기 위한 글도 물론 감정 정리나 성찰에 훌륭한 도구가 된다. 하지만 나처럼 경험을 기록하면서 새로운 N잡의 세계에 입문하고 싶은 사람이라면 공개하는 글쓰기는 필수다.

N잡, 새로운 직업의 세계에서 온라인은 빼놓을 수 없는 영역이 되었다. 갑작스러운 팬데믹, 코로나 시대를 지나오면서 온라인과 비대면은 우리의 삶에 깊이 관여했고 관련한 산업들이 빠르게 생겨나고 있다. 더는 오프라인만을 고집할 수 없는 시대다. 오프라인이 온라인으로 바뀌자 가장 중요해진 능력이 있다. 영상도, 디지털 기술도 아닌 바로 글쓰기이다.

수업 중에 선생님이 말로 전달하던 공지사항이 글로 전달된다. 내가 파는 제품이 얼마나 좋은지 설명하는 것도 온라인의 제품 설명글로 대체된다. 유튜브처럼 영상이 대세가 아닌가 생각할지 모르지만, 영상도 기획과 대본이라는 글쓰기의 뼈대가 세워져야 만들 수 있다.

온라인에 글만 잘 써도 변화와 성장의 도구가 되고, 미래의 핵심 능력을 획득하는 기회를 가질 수 있다. 이 모든 활동의 전제조건은 공개하는 글을 써야 한다는 것이다. 공개하는 글은 타인에게 보여주는 글 같지만 결국은 나를 달라지게 만드는 선순환을 가져온다.

공개하면
글이 발전한다

글이란 것은 신기하다. 혼자 보는 글은 나만 알아보면 된다. 생략하거나 설명이 부족해도 자신은 이해가 가기 때문이다. 하지만 불특정 다수에게 노출되는 글은 타인이 읽기 좋아야 한다. 읽는 사람을 고려한 설명이 들어가야 누구나 이해가 가는 글이 된다.

블로그에 여행을 다녀온 후기를 썼다고 예를 들자. 개인 기록 용도의 비공개 글이라면 사진을 그냥 올려두고 간단한 소감을 적어 놓을 것이다. 하지만 누군가 읽을지 모르는 공개하는 글이라면 다르다.

추억기록에만 머물지 않고 여행에 대한 설명이 들어간다. 그 설명의 과정에서 우리가 말하는 정보가 들어가게 된다. 정보라고 거창한 것이 아니다. 우리가 여행 일정을 짜기 위해 인터넷으로 검색하는 모든 것이 정보가 된다.

어느 국도를 이용했는지, 기차로 갈 수 있는 곳인지 목적지로 가는 경로를 검색한다. 오전에 박물관을 구경하고 근처 어느 맛집에서 점심을 먹었는지를 쓴다. 여행을 떠날 때 미리 스케줄을 정하고 떠나는 사람도 있다. 가보지 않은 곳으로 여행을 떠나기 전에는 인터넷을 검색하면서 홈페이지나 블로그에 남겨진 기록들을 읽어보면서 정보를 모은다.

동해의 삼척 바닷가를 간다고 했을 때 '동해시' 홈페이지를 찾아보는 사람이 많을까? '삼척 쏠비치'를 다녀온 사람들이 먹고 즐긴 블로그의 기록을 찾아보는 사람이 많을까? 공식 홈페이지에도 위치, 운영 시간, 예약 방법을 확인할 수 있지만, 어느 길이 산책하기 좋은지, 주차하기 좋은 곳과 맛있는 식당까지, 구체적이고 사소한 정보는 소개하지 않는다. 하지만 사람들이 원하는 것은 블로그에서 볼 수 있는 것들이다.

우리가 일상에서 경험하는 모든 것은 누군가가 알고 싶은 정보가 된다. 자신의 경험과 정보를 담아서 누군가에게 읽히는 글을 자꾸 쓰다 보면 잘 이해되는 글을 쓰려고 노력하게 된다. 이렇게만 알려줬는데 오해하면 어쩌지 하고 점점 친절하게 정보를 배열하는 능력이 길러진다. 내 경험을 공개하면서 쓰기만 했는데 가치 있는 글을 쓰는 사람이 되어 간다.

혼자만 보는 글은 쓰고 싶은 대로 쓰거나 쓰다 말고 끝내도 되니까 발전하기가 쉽지 않다. 그렇지만 공개해서 읽는 사람을 배려하는 글을 쓰다 보면 의도하지 않더라도 쓰기 능력이 발전한다.

나만의 빅데이터가 기록된다

《나를 증명하라》에서 조연심 작가는 '인터넷 평판경제의 시대'가 시작되었다고 말한다. 인터넷에서 검색이 가능한 기록과 정보가 돈이 되는 시대란 말이다. 우리의 일상을 기록만 했는데 돈이 된다면 믿어지지 않을 수도 있다. 인터넷에서 글로 남겨둔 정보는 돈이 된다. 작성한 글의 숫자가 나의 성실성을 나타내고, 글 안에 나의 능력을 표현한다.

생소한 브랜드인데 고가인 가전제품을 구매할 때, 사람들은 어떻게 좋은 제품인지를 확인할까? 사용 경험이 있는 지인에게 물어볼 수도 있지만 대개는 인터넷으로 검색한다. 처음 보는 회사라도 사용해본 사람들의 구매 후기, 서비스에 대한 응답률이 잘 보이는 홈페이지를 운영하고 있다면 높은 신뢰감이 형성되며 구매에 긍정적인 영향을 미친다.

A/S 신청은 어디서 하는지 제대로 된 안내도, 경험자들의 사용 후기도 없는 제품이라면 고가의 제품을 살 수 있을까? 실제로 그 제품의 성능이 우수하더라도 사용감, A/S 내용을 회사 홈페이지에 잘 모아두고 관리하지 않으면 사람들은 모를 수밖에 없다.

회사만 그런 것이 아니다. 프리랜서라면 누군가 내게 어떤 일을 하는 사람인지 물어봤을 때, 인터넷에 나의 이름을 검색하라는 말로 소개를 대신할 수 있다면 어떨까? 온라인에 잘 정리되어 공개된 나의 기록은 디지털 포트폴리오가 된다.

온라인 공간에 내가 쌓아둔 글이 나의 빅데이터가 되는 것이다. 물론 공개해서 쓴 글에 한정된 말이다. 비공개로 쌓은 수많은 글은 검색되지 않아 의미가 없다. 혼자 보는 앨범용으로 블로그에 사진과 일상을 기록하는 사람들이 생각보다 많다. 지금부터라도 나만의 포트폴리오를 쌓자. 공개하는 글쓰기로 추억을 기록하면서 나를 대신해줄 데이터도 쌓는 일거양득의 효과를 누릴 수 있다.

공개하는 글은 돈이 된다

공개해서 쓴 글이 누군가에게는 유용한 정보가 된다고 소개했다. 글 하나에 얼마의 금액으로 환산되어 나오는 것은 아니지만 많은 사람이 검색해서 읽는 글은 돈이 될 수 있다. 대신 지속해서 글을 쓰고 블로그의 신뢰를 쌓는 과정이 우선 되어야 한다.

일정 기간 블로그의 체력이 키워지면 제품이나 서비스를 받는 대가로 글을 쓸 수 있다. 공개하는 글을 꾸준히 써서 글쓰기 능력도 발전시키고, 그동안 써둔 글들이 이력이 되어 돈과 맞바꿀 만한 가치를 인정받는 것이다. 작게는 체험단, 기자단부터, 원고 요청, 강연 요청까지 블로그의 글이 불러오는 수익화의 기회는 생각보다 무궁무진하다.

　공개하는 글로 얻을 수 있는 것이 이렇게 많다면 첫 시작의 어색함이나 알려질까 고민하는 것쯤은 작은 문제가 아닐까? 《영향력을 돈으로 만드는 기술》의 박세인 작가는 'SNS를 하면서 목적이 있다는 것이 상업적이거나 속물이거나 계산적인 것은 아니다. 오히려 그렇게 하지 않는 것이 더 큰 손실이다'라고 말한다.

　공개하는 글쓰기에는 반드시 목적이 있다. 그 목적이 무엇이든 자신에게 찾아올 다양한 기회를 놓치지 말기를 바란다.

하기 쉬운
블로그로
시작하라

◇

목적 없이 가다 장애물을 만나면 쉽게 멈추기도 한다. 무작정 시작했지만, 지금까지 지속할 수 있었던 이유는 믿음과 목적이 있었기 때문이다. 나라고 왜 못하겠냐는 자신에 대한 믿음, 아이들과의 시간을 더 많이 보내는 미래를 상상하면서 준비 과정을 거치고 있다고 자신을 다독였다. 엄마가 되었기에 나다운 삶이란 문제를 꼭 풀어보고 싶었고, 가족과 많은 시간을 가능하게 하는 경제적 자유를 빨리 이뤄보고 싶었다. 그 방법으로 '디지털 노마드'를 선택한 것이다.

누구나 해보지 않은 일을 시작할 때는 할 수 있을까를 고민하며 수없이 망설인다. 그래서 시작은 아주 쉬워야 한다. 거창한 방법이었다면 시도할 생각조차 못 했겠지만 블로그라서 첫발을 뗄 수 있었다. 블로그는 특별한 사람이 아닌 누구나 할 수 있기 때문이다.

블로그는
마음먹기에 따랐다

세상에서 가장 늦은 시작은 완벽하게 배우고 나서 하는 시작이다. 여기서 소개하는 최소한의 것들만 알고 시작해도 충분하다. 심지어 나는 아무것도 모르는 상태에서 그냥 시작했다.

여기서 말하는 블로그는 네이버 블로그이다. 아마 이 글을 읽는 사람의 대부분은 네이버에 회원가입되어 있을 것이다. 네이버에 가입만 하면 특별한 절차 없이도 블로그가 개설된다.

네이버는 국내 최대 검색 포털 서비스이고 매일 3천만 명에 이르는 다양한 사용자가 사용하는 명실공히 대한민국 대표 플랫폼이다. 우리나라 포털 사용 현황을 보면 네이버가 50퍼센트 이상을 차지할 정도로 네이버 의존도가 높다. 네이버를 통해 정보를 검색하고 구매하고 여가를 즐기기도 한다.

왜 네이버 블로그였을까? 많이 봐서 익숙한 이유도 있지만, 네이버에서 검색할 때 보이는 결과에서 블로그가 차지하는 비율이

상당히 크다. 보통 네이버 검색 상단에서 보이는 파워링크 같은 광고를 게재하려면 큰 비용을 지급해야 한다. 하지만 블로그를 이용하면 '0원'으로 개인이 원하는 홍보도 가능하고, 사람들이 찾는 정보의 플랫폼을 가질 수도 있다. 그리고 남녀노소를 불문하고 누구나 운영할 수 있을 만큼 쉬워서 처음 시작하는 SNS 글쓰기로 블로그를 강력히 추천한다.

개인이 블로그를 가장 잘 활용하는 방법은 무엇일까? 개인의 기록을 다수에게 도움 되는 정보로 변환시키는 것이다. 개인적인 글과 생각이 검색되게 만드는 것이 블로그의 힘이다.

또 사이드 잡 열풍으로 유튜브만큼 블로그를 시작하는 사람들이 많아졌다. 인스타그램이나 유튜브에 밀려 시작하는 시기가 지나간 것이 아니냐고 물을지도 모르지만, 글쓰기는 영상, 음성 같은 콘텐츠의 기본이자 시작이 된다. 블로그의 글을 대본 삼아 유튜브나 팟캐스트를 운영하는 사람들이 많다.

'원 소스 멀티유즈one source multi-use'라는 하나의 소재를 서로 다른 장르에 적용하여 파급효과를 노리는 마케팅 전략이 있다. 하나의 콘텐츠로 여러 플랫폼에서 활용하려는 전략을 세울 때도 블로그의 글은 항상 시작점이 되어준다.

블로그를 처음 하는 사람에게 중요한 것은 '바로 시작하는 것'이다. 보통 블로그를 시작하라고 권하면 사람들은 '글을 못 써서', '시간이 없어서'란 핑계를 댄다. 하지만 글은 쓰다 보면 잘 써지고, 시간은 만들면 어딘가에서 나온다. 일단 시작부터 해야 글도 써지고 시간도 생긴다.

블로그의 여러 기능, 최적화나 키워드 같은 것을 공부하고 시작해야 하는 것은 아닌지 걱정하는 사람들도 있다. 물론 공부해서 나쁠 것은 없지만 이론 공부보다 실제 글을 쓰면서 하나씩 깨닫고 적용하는 것이 훨씬 습득하는 속도가 빠르다.

간과하면 안 되는 것이 네이버에서 쉽게 볼 수 있는 블로그는 대부분 몇 년씩 운영한 사람들이다.

처음부터 똑같은 글솜씨, 화려한 사진이나 기술을 기대하면 안 된다. 기준을 낮추고 내가 할 수 있는 단계에서 시작하면 된다. 높은 기준점을 채울 때까지 기다리다가는 영영 시작하지 못한다.

블로그 메인 화면의 글쓰기 버튼 옆에 [관리·통계(PC 화면 기준)]를 눌러 보면 화면을 꾸미는 [전체 설정] 페이지가 나온다. 블로그 이름을 정하는 것부터 글의 분류인 카테고리를 정하는 것까지 필요한 모든 것이 나와 있다. 그것만 알아도 충분히 블로그를 운영할 수 있는 유용한 기능들로 구성되어 있다. 그 기능을 하나씩 눌러 보면서 차근히 알아가면 된다. 하다가 모르고 궁금한 것이 생겨야 기능을 쏙쏙 흡수해가면서 발전할 수 있다. 완벽하게 알아야 한다는 편견을 버리고 '바로 시작한다'는 마음부터 먹자.

블로그의 [관리 · 통계] 버튼

블로그의 [전체 설정] 페이지

쓰기 전 준비운동은
몇 가지로 충분하다

무조건 마음만 먹고 시작하라고 하지만 먼저 정해야 하는 것도 있다. 바로 블로그의 제목과 닉네임이다. 작은 가게를 차려도 가게 이름인 상호부터 정하고 개업을 한다. 나의 온라인 공간인 블로그에도 불러줄 이름을 정해야 정감이 생긴다. 나를 보여줄 이름은 닉네임이고, 나를 찾아오게 할 문패는 블로그 제목이 된다.

📧 블로그 제목, 닉네임 정하기

닉네임은 다들 알고 있는 온라인상의 이름이다. 닉네임이라는 단어가 주는 이미지가 가벼운 느낌이라서 쉽게 짓는 경우가 많다. 하지만 닉네임은 온라인의 나를 보여주는 얼굴이다. 이름의 이미지를 생각하며 고심해서 정해야 한다.

쓰지 말아야 하는 닉네임과 쓰면 좋은 닉네임
① 학창시절 별명, 애칭
평소의 별명, 애칭을 그대로 가져와서 쓰기도 한다. 별명이나 애칭은 대부분 친구와 장난스럽게 지어서 부르는 경우가 많다. 아무 의미가 없거나 장난스러워서 가벼워 보일 수 있다. 온라인에서 활동하면서 나를 대표할 중요한 이름이다. 수현이라서 '혀니', 눈이 커서 '왕눈이'처럼 의미가 없거나 가벼운 이름은 피하는 것이 좋다. 얼굴을 볼 수 없는 온라인에서 닉네임은 불릴 때마다 나의 이미지를 대표한다. 닉네임이 주는 이미지를 꼭 생각해보고 정해야 한다.

② 알 수 없는 영어, 숫자의 조합

메일을 개설할 때 영어와 숫자의 조합으로 아이디를 생성한다. 그 아이디와 연결된 블로그라서 따로 바꾸지 않으면 알 수 없는 영어, 숫자 조합 아이디 그대로 블로그 닉네임이 정해진다. 'sigmc2034g' 같은 닉네임을 본 적 있을 것이다. 기본값으로 설정된 닉네임을 수정하지 않은 것이다. 학창 시절 선생님이 이름이 아닌 번호로 호명했을 때 느낌을 떠올려보자. 시간이 지나도 24번을 의미 있게 기억할 확률은 드물다. 짧은 번호도 그러한데 의미를 알 수 없는 영어, 숫자의 조합은 기억하기도 호칭하기도 어렵다.

실제 '○○님'으로 온라인에서 닉네임이 자주 언급된다. 글이나 댓글에서 부르기 어려운 닉네임은 바꿔야 할 닉네임 1순위이다. 또한 누군가 나의 블로그를 방문하고 싶어도 어떤 닉네임이었는지 기억하기도 힘들뿐더러 검색창에 입력하기도 쉽지 않다. 'love', 'mom' 같은 의미 있는 영어 단어라면 조금 낫지만, 영문보다는 한글로 '러브', '맘'으로 바꾸면 기억하고 검색하기도 좋아진다.

③ 긍정적인 어감

기본적으로 사람들은 부정적인 것은 피하는 경향이 있다. '가수는 노래 제목 따라간다'란 우스갯소리를 들은 적이 있을 것이다. 내 이름을 부르면서 어떤 느낌을 주고 싶은지 생각하면 명확해진다. 실패, 바보, 멍청이 같은 부정적인 어감보다는 긍정적인 단어를 넣어서 나를 표현하는 것이 좋다. 부를 때마다 기분 좋은 에너지를 전달하는 이름으로 나의 앞길을 긍정의 기운으로 채워보자.

④ 되고 싶은 모습

닉네임은 온라인상의 이름이다. 다른 사람들에게 어떤 사람으로 보이면 좋을지 정체성을 담아서 지어주는 것이 좋다. 단번에 마음에 드는 닉네임을 만들기 어려울 수도 있다. 블로그를 운영하면서 관심사나 활동 방향이 변하면 닉네임을 변경할 수도 있다. 정체성을 나타내는 것이 어렵다면 내가 되고 싶은 모습을 닉네임으로 정해도 된다. '글 쓰는 작가'가 꿈이라서 '작가'란 말을 넣어도 좋고 행복한 엄마가 되고 싶어 '행복맘'이라고 표현해도 된다. 완벽한 닉네임은 없으니 현재 나를 보여줄 수 있고 내가 되고 싶은 미래를 닉네임에 담아보자.

⑤ 흔히 쓰는 단어(고유명사, 단어)의 재조합

앞의 네 가지에서 불리기 쉬운, 검색하기 좋은 닉네임을 강조했다. 그래서 기억하고 불리기도 좋은 '코카콜라'라는 닉네임으로 정했다고 예를 들어보자. 오히려 이런 고유명사의 닉네임은 기억하기는 좋아도 검색되기는 어렵다. '코카콜라'를 검색했을 때 나의 블로그보다 '콜라'라는 제품, 제품 관련 기사, 이미지만 나오기 때문에 고유한 나를 대표하기 어렵다.

자신을 브랜드화하여 특정 분야에서 먼저 자신을 떠올릴 수 있도록 만드는 과정을 퍼스널 브랜딩personal branding이라고 하는데, 이런 고유명사는 퍼스널 브랜딩에 적합하지 않다.

꼭 제품명, 상표명이 아니더라도 '성공', '희망'과 같은 단어 역시 그렇다. 사람의 고유 닉네임이라고는 인식하기 어려운 단어는 검색이 되지 않기 때문이다. 그렇다고 잘 쓰지 않는 희귀한 단어만 써야 할까 싶지만, 고민하지 않아도 된다. 바로 단어의 재조합을 활용하면 된다.

예를 들어 '빛나다'란 동사를 닉네임으로 검색하면 인터넷 창에는 국어사전부터 나온다. 하지만, '작가'라는 단어를 조합한 '작가 빛나다'를 검색했을 때는 나의 블로그부터 보인다. 정하려는 닉네임이 흔히 쓰는 단어라서 고유하게 나를 표현하기 어렵다면 다른 단어와 조합해서 나만의 이름을 만들자.

📧 블로그 제목에 닉네임을 포함해라

닉네임을 지었다면 이제 블로그 제목을 정해야 한다. 블로그 제목은 간판이나 문패와 같아서 자신의 블로그가 가지는 방향성을 함축적으로 보여준다. 그래서 내 삶을 대표하는 문구를 멋지게 블로그 제목으로 정해둔 경우를 많이 볼 수 있는데, 기억하기 어려워서 권장하지 않는다.

블로그 제목을 집 주소라고 생각했을 때 지인의 집을 방문할 계획이라면 '친구 누구 집'에 간다고 하지 어느 동 몇 번지에 간다고 말하지는 않는다. 온라인에서도 누군가가 나를 찾아올 때 블로그 제목을 기억하고 찾아오기는 어렵지만, 닉네임은 쉽게 기억하기 때문에 블로그 제목에 닉네임을 포함하면 기억하기도 검색하기도 좋다.

'작가 빛나다의 쓰는 대로 이루는 삶'이 나의 블로그 제목이다.

닉네임 '작가 빛나다'를 포함한 블로그 제목

14글자의 제목에 나의 정체성과 색깔을 담았지만, 사람들이 이 것을 다 기억할 리는 없다. 닉네임으로 주로 활동하고 내가 쓴 글 도 제목보다는 닉네임으로 알려지기 때문이다. 제목에 닉네임을 포함한 이유는 누군가가 나를 검색했을 때 닉네임이 포함된 '블로 그 제목'이 키워드가 되어 결과를 보여주기 때문이다.

블로그 제목에 닉네임을 포함하면 검색 결과에서 상위 노출이 된다. 닉네임으로 다시 나를 찾아오고 싶어도 오는 길이 어렵거나 귀찮으면 보통의 사람들은 중간에 이탈하기 때문에 검색 여부도 매우 중요하다.

우리는 공개하는 글을 쓰기로 마음먹고 블로그를 시작했다. 그러니 당연하게도 나에게로 찾아오는 길을 쉽게 만드는 문패를 달기 위해서 블로그 제목에 닉네임을 반드시 포함하자.

쉽게 쓰는 방법은 있다

닉네임도 정했고 블로그를 열어보니 글쓰기 버튼만 누르면 그냥 작성할 수 있을 것 같다. 직관적인 인터페이스라서 자판을 두드리고 발행만 누르면 되겠지 생각했다가, 막상 빈 창을 보면 '어떤 걸 써야 하지?' 하고 앞이 깜깜해지는 증상을 겪는다.

남이 써둔 글을 읽을 때는 몰랐지만 막상 내가 써야 하니 생각이 많아진다. 글의 주제나 소재는 무엇으로 정할까? 분량은 길어야 하나? 짧아야 하나? 이런저런 고민이 생긴다. 처음 시작하는 사람이 알아두면 좋은 쉽게 글 쓰는 방법을 소개한다.

블로그에 쓰기 쉬운 글감

글감은 글의 내용이 되는 재료, 즉 소재(素 바탕 소, 材 재목 재)를 말한다. 글을 쓰는 데 바탕이 되는 모든 것이 글감이다. 소재의 제약 없이 뭐든지 가능하지만, 블로그에 쓰기 쉬운 글감도 있다.

① 감상보다는 정보 위주

제일 처음 블로그에 글을 쓰겠다고 마음먹고 쓴 글이 책을 읽고 느낀 점을 쓰는 서평이었다. 처음 들은 '실용독서법' 강의에서 책 내용을 온전히 소화하기 위해 기록을 해야 하는데, 기록의 도구로 블로그를 활용하면 좋다는 말을 듣고 무작정 시작했다.

책을 읽고 난 생각을 정리해서 블로그에 적는 데 처음에는 5시간이 걸렸다. 책을 분명히 읽긴 했는데 느낀 소감은 어떻게, 얼마나 써야 하는지부터 막혀서 한 줄 쓰기가 힘들었다. 서평을 써보겠다는 나와의 약속을 지키고 싶어서 다른 블로거들이 쓴 글을 읽었다. 다들 각자의 색깔로 해석을 얼마나 잘해놨는지 쓰기도 전에 주눅이 들 지경이었다.

그때 서평과 같은 글이 어렵다는 것을 알았다면, 서평이 아닌 쓰기 쉬운 글부터 시작했을 것이다. 학창시절 독후감을 썼던 기억을 떠올려 보면 줄거리를 요약하는 것도 힘들지 않았는가! 거기에 느낀 점, 배울 점을 찾고 내 생각을 정리하는 것은, 연습이 되기 전에는 당연히 어려울 수밖에 없다.

나처럼 잘 모르는 초보자가 5시간이나 걸리는 책 서평만 썼다면 블로그를 시작하자마자 포기할 수도 있었다. 다행히 감상, 정보, 레시피 등등 다양한 블로그 글을 쓰면서 나에게 맞는, 쓰기 쉬운 글이 있다는 것을 알게 되었다.

보통의 경우에는 정보 글이 감상 글보다 훨씬 쉽게 써진다. 명확한 형태가 있는 것을 설명하는 정보 글부터 쓰다 보면 편안하게 글쓰기를 시작해볼 수 있다. 정보라는 말 때문에 거창한 내용이어야 할 것 같지만 어렵지 않다. 우리가 흔히 보는 맛집을 소개하고, 음식 레시피와 순서를 알려주는 글, 어떤 제품의 장단점을 담은 글이다. 글에 담긴 감상이라야 '맛있다', '좋았다', '불편하다' 정도겠지만 말이다.

책을 보고 좋은 구절을 그대로 적는 것은 필사지만 책의 생각과 내 생각이 들어가는 서평이라면 감상이 위주가 되는 글이다. 평소에 영감을 받은 내용을 잘 정리하고 생각을 논리적으로 잘 적을 수 있다면 상관없지만, 글 자체가 처음이라면 일단 쉬운 글부터 쓰자.

정보 글	감상 글
맛집, 레시피, 제품 사용법, 여행지 추천	책, 공연, 영화 관람 후 주관적 느낌, 소감

정보 글, 감상 글로 나누지 않더라도 내가 잘 쓸 수 있는 글을 구성할 수도 있다. 뮤지컬 공연을 관람한 글을 쓴다고 하면, 공연 내용의 메시지를 해석하거나 연관되는 배경 지식을 들어 비판하거나 동의하는 글보다는, 공연 정보나 공연장 가는 길 등의 정보를 적고 간

단한 감상평 정도는 누구나 쉽게 쓸 수 있다.

정보 → 감상	감상 → 정보
구매한 곳, 구매하는 방법, 소요 시간, 공연장 가는 법, 관련 정보, 추천 대상과 이유	뮤지컬에서 표현하는 메시지, 깨달은 점, 나의 삶에 적용할 점, 연관되는 배경 지식

사실 아무리 간단한 글이라도 글을 쓰는 것 자체가 처음에는 쉽지 않다. 게다가 생각을 구체화해서 쓰는 것은 더 어려울 수밖에 없다. 어떤 글이든 상관은 없지만 처음이라면 무조건 쉽고 재밌게 쓰기를 권한다. 어려우면 힘들고 힘들면 하기 싫어지기 때문이다. 사용했던 것, 가본 곳, 먹어본 메뉴 같은 정보는 사진 몇 장과 상황을 설명하는 몇 줄의 글로도 쉽게 써진다. 쉬운 글을 쓰면서 쓰기의 일상 근육을 단련하는 것이 중요하다.

② 생활 속 글감 찾기

쓰기 쉬운 글이 정보를 설명하는 유형의 글인 것은 알겠는데 정보라고 생각하면 무턱대고 어렵게만 느끼는 사람도 있다. 그런 사람들은 정보 글을 쉬운 글감으로 쓰지 않았기 때문이다.

쉬운 글 유형이 있다면 쉬운 글감도 있다. 쉬운 글감이란 내가 잘 아는 정보를 말한다. 매일 블로그 글을 써보라고 하면 '어떤 걸 써야 할지 모르겠어요'란 말을 많이 한다. 블로그 글은 거창한 글감을 찾는 것이 아니다. 나의 일상 속에서 누군가에게 도움이 될 정보가 있다면 어떤 것도 가능하다. 지루할 만큼 비슷한 일상이라 정보 같은 것은 없다는 사람의 하루도, 살펴보면 수십 개의 글감이 숨어 있다.

○ 우연히 알게 된 세일 정보
세탁세제를 구매하려고 인터넷 검색을 했더니 공식 홈페이지의 프로모션으로 평소보다 더 싸게 구매할 수 있는 정보를 알아냈다면 '○○ 드럼세탁기 세제 싸게 사는 방법'으로 글을 쓸 수도 있다.

○ 내가 궁금해서 찾다가 모은 정보
아이의 치약을 검색하다가 무 불소, 저 불소 치약의 구분도 알게 되고 연령별 추천 정보를 얻게 된다. 어느 치과의사가 써둔 칼럼도 읽어보고 광고 문구에서 자랑하는 치약별 효능도 찾아 읽어보며 적당한 치약을 선택했다. 인터넷을 통해 정보를 얻었지만, 나의 시간을 들여 다양한 정보를 수집하고 통합해서 결론을 내는 과정을 거친 것이다. 이런 것이 경험을 통한 정보가 된다. 누군가도 내가 궁금했던 것을 똑같이 궁금해한다. 궁금증을 해소하는 과정을 정리해서 '연령별 불소 치약 추천'이란 제목의 글로 쓸 수도 있다.

○ 사람들이 많이 헷갈리는 것

자주 만들지 않는 '수제 돈가스'는 만들 때마다 돼지고기에 튀김옷을 입히는 순서가 밀가루, 달걀, 빵가루인지, 달걀, 밀가루, 빵가루인지 헷갈리기도 한다. 나처럼 순서가 헷갈리는 요리 초보들을 위해 '수제 돈가스 쉽게 만드는 법'이란 블로그 글을 쓸 수도 있다. '결제'인지 '결재'인지 매번 정확한 의미를 찾아보는 사람이라면 헷갈리는 우리말에 대한 글감이 생기기도 한다.

○ 처음 해보는 경험

오늘 점심을 먹은 식당에 관한 리뷰나 '창업지원금 신청'처럼 처음 해보는 경험도 기록으로 남겨놓으면 아직 경험해보지 않은 누군가에게는 귀한 정보가 된다.

이런 사례들뿐만 아니라도 생활 속의 글감은 무궁무진하다. 억지로 정보를 만들어내려면 어렵지만 내가 잘 아는 것, 경험해본 것을 정리해서 쓰기는 쉽다. 쉬운 글감은 잘 아는 것에 관해 쓰는 것이다. 경험한 것만큼 잘 아는 것은 없다. '나는 블로거다' 하는 마음으로 일상을 보자. 곳곳에 널려 있는 글감을 만나게 될 것이다.

어디를 가든 사진부터 찍고 있다면 '정보의 소비자에서 정보의 생산자로' 변하고 있다는 신호이다. '정보의 생산자'란 말이 거창하게 느껴지겠지만 검색창에서 검색했던 모든 것은 정보다. 경험한 모든 것이 잘 쓸 수 있는 쉬운 글감이 된다는 것을 절대 잊지 말자.

③ 블로그가 익숙해지도록 특정 시간과 횟수를 정하고 써라

아무리 쓰기 좋은 글 유형과 글감이 넘쳐나도 쓰지 않으면 소용이 없다. 사실 블로그가 익숙해지려면 많이 써봐야 한다. 그러나 대부분 쓸거리가 없어서라기보다 쓸 시간이 없어서 못한다는 사람이 더 많다. 하루 중에 진짜 1분의 틈도 없다는 말이 아니라 한가하게 앉아서 쓸 시간이 없다는 뜻일 것이다.

정작 블로그를 하는 사람 중에는 한가해서 글을 쓰는 사람은 없을 것이다. 누구보다 바쁘게 하루를 보내고 배우며 경험하는 사람들이 대부분이다. 시간은 생기는 것이 아니라 만들어내는 것이다. TV를 보는 일처럼 습관적으로 흘려보내는 시간이 분명히 있다.

익숙해지기 전까지는 일과 중 정해진 시간을 할애해서 블로그에 글 쓰는 연습을 하는 것이 좋다. 처음 블로그에 글을 쓰면 30분이나 한 시간 안에 글쓰기가 어렵다. 하지만 분명한 것은 조금 익숙해지면 여행을 가서도 30분 안에 글쓰기가 가능해진다.

무엇이든 익숙해지는 단계 전까지는 노력과 정성이 들어간다. 해보지 않는 일을 시작할 때는 능숙해지기까지의 시간 투자가 꼭 필요하다. 나 역시 처음에 2~3시간이 걸리던 블로그 글을 이제는 출퇴근 시간, 은행 대기 시간 같은 자투리 시간에 블로그 앱을 열고 글 하나를 뚝딱 써낸다. 소모적으로 흘러가는 시간을 블로그 쓰는 시간으로 대체해서 3개월만 써보기를 바란다.

'가장 바쁜 사람이 가장 많은 시간을 갖는다. 부지런히 노력하는 사람이 결국 많은 대가를 얻게 된다'라는 알렉산드리아 피네의 말처럼 부지런히 노력해서 블로그 글쓰기라는 스킬을 길러놓으면, 그 시간에 대한 보답으로 더 많은 시간과 대가가 돌아올 것이다.

'포스팅'이란 말은 블로그 글을 올리는 것을 일컫는 말이다. 블로그를 시작할 때 매일 글을 쓰는 것이 좋다. 매일 글을 발행하면 네이버가 성실한 사용자로 분석해서 '블로그 지수'가 올라간다.

하루에 꼭 한 개를 써야겠다는 원칙보다는 매일이 아니더라도 이틀에 한 개, 주 5일처럼 쓸 횟수를 명확하게 정해놓고 시작하면 좋다. 막연하게 자주 써야 한다고 마음먹으면 절대 써지지 않는다. 데드라인이 없는 스스로와의 약속은 저버리기 쉽다.

내가 써야 할 이유를 찾지 못해서 안 쓰기도 하고, 한 개의 글만 고치고 또 고치다가 결국 임시 저장만 하기도 한다. 누구와의 약속도 아니지만, 자신과의 약속을 정해놓고 횟수를 지키려고 노력하다 보면 어느새 블로그가 익숙해진다. 결국 '쓰는 습관'을 어떻게 키우느냐의 문제다.

매일 아침 블로그 글을 한 편씩 쓰는 김민식 PD는 《매일 아침 써봤니?》에서 '블로그를 쓸 때도 반짝이는 재능보다 더 중요한 것은 끈기'라고 했다. 재능보다 지속하는 힘이 더 중요하다는 말이다. 매일 무엇인가를 하는 것은 블로그 운영과 글쓰기뿐만 아니라 자신에 대한 믿음까지 단단하게 만들어 줄 것이다.

유형별 블로그 글쓰기

　매일 쓰기로 마음을 먹었다면 다양하게 즐기면서 글을 써보자. 나와 비슷하게 블로그를 시작했지만, 여전히 글만 쓰고 있는 이웃들도 있다. 그들도 성실하게 쓰고 있지만, 내가 그들에 비해 조금 더 빨리 변화할 수 있었던 블로그 글쓰기 팁을 소개하고자 한다. 블로그 강의나 책을 통해 배우기도 했고, 시간이 없어서 빨리 쓰는 방법을 연구하고, 필요한 정보를 어떻게 담는 것이 효율적인지를 고민해서 얻은 노하우이다.

📰 일기, 일상 글쓰기

　일기처럼 하루의 감정을 쓰는 것은 가장 쓰기 쉬운 글 유형이다. 오늘 점심은 무엇을 먹고 누구를 만나 새로운 카페에 다녀온 것들을 편하게 쓰면 된다. 특별한 이슈가 없는 날은 생각한 느낌, 아이를 키우면서 갖는 고민 등 솔직한 감정을 쓸 수도 있다. 생각의 흐름대로 쓰기 때문에 별다른 쓰기 노하우는 없지만, 주의해야 할 것은 있다.

‘○월 ○일 감사일기’, ‘○월 ○일 오늘 하루’처럼 일기라는 제목으로 날짜만 바꿔서 쓰는 것은 되도록 피하자. 모두 그래야 하는 것은 아니지만 남이 보는 글쓰기를 목적으로 한다면 일기에도 정보가 있어야 한다. 정보가 아니라면 하다못해 공감이나 동기 부여되는 글이라도 있어야 한다.

자신만 알아볼 수 있는 일상을 남기는 것이 한두 번이 아니라 매일 날짜별로 일기처럼 쓰는 경우가 있는데, 일단 이런 제목의 글은 절대 검색되지 않는다. 나의 이웃에게 내 ‘새 글 알림’이 가도 읽고 싶은 마음이 들지 않는다.

‘3월 2일 일기’라고 쓴 글 안에 워킹맘의 힘든 하루에 관한 생각이 들어 있다면 몇 월 몇 일이라고 쓰지 말고 ‘워킹맘이 힘든 이유’처럼 내용을 포함하는 제목을 짓자. 검색을 위한 글은 아니지만 비슷한 생각을 나누고 싶은 사람들이 찾아오는 이정표가 된다는 생각으로 제목을 정하자.

생각보다 온라인 댓글을 통한 위로와 소통의 깊이가 깊다. 진솔한 감정을 블로그에 일기처럼 남기기만 했는데 마음을 나눌 수 있는 통로가 될 것이다.

📧 리뷰, 체험단 글쓰기

SNS 글쓰기를 떠올렸을 때 가장 많이 본 글의 유형은 바로 체험, 리뷰, 후기와 같은 글쓰기이다. 블로그나 인스타그램은 광고와 홍보를 위해 존재한다고 해도 과언이 아니다. 네이버는 각종 광고를 할 수 있는 공간이다. 블로그를 검색하면 '수익형 블로그'란 말을 자주 볼 수 있다. 블로그 활동으로 수익을 창출한다는 의미이다.

수익형 블로그는 제품을 리뷰해주고 제품을 받거나 원고료를 받는 경우가 많다. 꼭 돈이나 제품을 받고 쓰는 체험단이 아니더라도 블로그를 하다 보면 특정 제품, 장소를 리뷰하는 글을 많이 쓰게 된다.

리뷰하는 글을 자꾸 쓰다 보니 더 빨리, 쉽게 써지는 어떤 흐름을 발견했다. 꼭 이런 유형을 따라야 하는 것은 아니지만, 알아두면 훨씬 더 쉽게 글을 쓸 수 있다.

리뷰를 쉽게 만드는 글쓰기

블로그 강의를 들어보면 '키워드를 잘 잡아서 써야 한다'고 이야기한다. 키워드를 잘 잡는다는 말은 누군가 검색하는 특정 단어를 사용해서 글에 포함시키라는 말이다. 검색 결과에서 먼저 보이는 블로그를 가리켜 검색 상위에 뜬다고 한다. 상위에 노출되면 당연히 스크롤을 한참 내려야 보이는 블로그보다 조회 수, 방문자가 높은 편이다. 키워드는 해시태그와 비슷한 개념으로 생각하면 된다.

키워드, 해시태그가 중요한 것은 알겠지만 블로그 글도 처음인 사람에게 키워드를 고려하는 글쓰기는 꽤 어렵게 느껴진다. 키워드가 너무 어려워서 블로그 글을 못 쓰겠다면 필요한 사람을 떠올리면서 써보기를 추천한다. 필요한 대상을 생각하며 글을 쓰면 글도 쉽게 써지고 키워드를 찾아보지 않아도 짐작할 수 있다.

물건이 필요해져서 구매하려고 인터넷 브라우저를 열었다고 예를 들어보자. '제품명'을 검색할 수도 있고, 싸게 사고 싶다면 '할인 정보', '싸게 사는 법'이란 말을 검색할 수도 있다.

체험단 활동을 해보면 진행하는 마케터나 대행사에서 후기를 쓸 때 글에 반드시 넣어서 작성할 필수 단어를 알려주는데, 바로 키워드이다. '교대앞 맛집', '돈가스 맛집'처럼 사람들이 검색할 만한 단어를 준다. 키워드라고 특별한 단어는 아니다. '교대 앞에 맛있는 돈가스집이 없나?' 하는 사람들의 생각을 읽고 거기서 단어를 조합해서 만들어진다. 키워드는 사람들이 많이 생각하는 단어나 문장이다.

어떤 물건이나 경험이 필요할 때 우리는 정보를 검색한다. 우리의 뇌에서 검색하기 직전에 하는 생각이 무엇일까? 상황을 인식하고 필요한 것이 생긴 것이다. 사야 할 이유와 검색하고 사고 싶은 목적이다.

아이 로션이 떨어졌다면 일반적으로는 그냥 구매도 하겠지만, 다른 것을 사거나 더 싸게 사고 싶어서 검색하기도 한다. 그래서 이유나 목적어를 붙인 '○○한 아기 로션'으로 검색하기도 한다.

고작 로션 하나에 목적이 있을까? 사람마다 원하는 것이 다르긴 해도 목적이 있다. 촉촉한 로션을 원하는지, 저렴한 것을 원하는지, 특정 성분이 없는 것을 원하는지 말이다. 목적에 따라 생각하고 검색할 것이다.

> 아기 로션 다 써가네?
>
> ⇩
>
> 사야 하는데 지금 쓰는 건 발라도 당기는 느낌이야.
>
> 더 촉촉한 건 없을까?
>
> ⇩
>
> 다른 사람들은 뭘 쓰지? 새로 나온 것은 없나?

'아기 로션', '순한 아기 로션', '촉촉한 아기 로션'으로 검색하는 사람을 떠올려보는 것이다.

다음은 로션을 소개하는 예시 글이다.

이번에 사용하던 로션을 다 써가서 바꿔보기로 했어요. 환절기라 사용하던 △△△ 로션이 발라도 자꾸 당기는 느낌이 들어서 더 촉촉한 아기 로션을 찾고 있었는데 이번엔 ○○○ 로션이 새로 나와서 사봤어요.	키워드 ① ○○○ 로션
온라인 샵이 마침 세일 기간이라서 10% 할인을 받아 2만 원대로 구입했어요. 300ml 용량 로션이 2만 원대니까 대용량인데 가격도 저렴하네요.	키워드 ② 대용량 로션
보습을 도와주는 판테놀 성분이 포함되어 있고 저는 향을 좋아하지 않는데 무향 아기 로션이라 더 마음에 들었어요.	키워드 ③ 판테놀 성분, 무향 아기 로션
아이 샤워 후 얼굴과 몸에 발라보니 부드럽게 퍼지면서 쏙 흡수되는 발림성도 좋았어요. 시간이 지나고 만져보면 건조하게 느껴지던 다리 부분도 촉촉함이 더 유지되는 것 같아 로션 사용감도 마음에 들어. 다만 펌프가 약간 약해서 눌러 짤 때 안정감 있는 용기면 좋겠다는 아쉬움이 드네요.	키워드 ④ 발림성, 로션 사용감
전반적으로 겨울에 쓰기 좋은 로션 제형인 것 같아요. 올겨울은 이 로션으로 촉촉한 아기 피부 만들어줘야겠어요.	키워드 ⑤ 겨울에 쓰기 좋은 로션

일부러 구매하게 된 이유나 목적, 구매 정보, 구매를 결정한 이유, 사용 후기를 생각하고 쓰지 않았다. 또한 키워드도 생각하지 않고 썼다. 로션이 없어서 구매해야지 하는 순간에 들었던 생각, 사용하면서 느낀 점, 다음에 또 써야지 같은 생각을 떠올리면서 적었다. 결국 사람들이 자주 검색하는 단어가 키워드가 되기에 사람들의 생각에 집중하면 된다.

제품이나 체험단 글을 어려워하는 사람들은 제품에 관해 쓸 말이 없다고 한다. 억지로 생각해내려면 당연히 어렵다. 하지만 필요한 사람을 떠올리면 생각의 흐름에 따라 글을 쉽게 쓸 수 있고 키워드에 대한 이해도 쉬워진다.

자동 완성 기능 : '아기 로션'과 관련하여 사람들이 많이 찾는 키워드

네이버에는 '자동 완성' 기능이 있다. 사람들이 많이 검색하는 검색어를 자동으로 보여주는 것인데 '아기 로션'까지만 입력해도 '아기 로션 추천', '촉촉한 아기 로션', '유기농 아기 로션' 등 연관 키워드들이 쏟아진다. 구체적인 제품명을 입력하면 가격, 세일, 성분까지 자세히 나온다. 제품을 리뷰하는 글이 힘들다면 이런 연관 키워드, 자동 완성 기능을 활용해서 글을 써보는 것도 방법이다.

> 글쓰기 팁 ②
> 필요한 사람을 상상해라.

📧 정보 글쓰기 | 글감, 장소 기능과 블로그 앱

블로그가 좋아하는 글감 기능

정보 글을 쓸 때 네이버의 기능을 적극적으로 활용해야 네이버가 좋은 글로 인식을 한다. 네이버에서 제공하는 '글감' 기능과 '지도' 같은 기능들은 빠트리지 말고 포함하면 좋다. 네이버는 블로그가 더 유용한 정보의 역할이 되기 위해서 각종 편의 기능을 개발하고 제공하는데, 이런 기능을 다양하게 사용하면 유용한 정보를 가진 글로 판단한다.

블로그 글쓰기 페이지에 [글감]이란 버튼이 있다. 글 안에 들어가는 여러 정보를 편하게 삽입하는 기능으로, '사진, 책, 영화, TV, 공연 전시, 음악, 쇼핑, 뉴스'를 검색해서 내 글과 연관된 정보를 글 안에 넣을 수 있다. [글감] 기능을 적극적으로 사용하면 블로그 글이 더욱 정보에 충실해진다.

블로그에 《시크릿 마인드 다이어트》란 책을 소개한다면 [글감] → [책] 카테고리에서 《시크릿 마인드 다이어트》를 검색해서 내 글 안에 네이버가 제공하는 책의 정보와 구매 링크까지 한 번에 연결되도록 삽입할 수 있다. 책, 영화, 전시에 관한 글을 쓸 때 [글감] 기능을 반드시 사용해서 나의 글을 유용한 정보로 만들어보자.

글감 기능

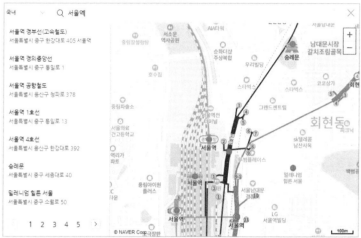

장소 기능

　　앞서 소개했듯이 네이버에는 [글감]만 있는 것이 아니라 특정한
장소에 관한 글을 쓸 때 첨부하면 좋은 [장소] 기능도 있다. 장소
표시는 지도 표시라고 생각하면 좋은데 요즘에는 내비게이션만큼
포털의 지도로 장소 확인을 많이 한다. 위치나 가는 길을 알아보기

위해서도 검색을 많이 한다. 장소나 공간을 소개할 때는 위치를 알려주는 [장소] 기능을 잊지 말고 활용해야 한다.

사용자가 좋아하는 블로그 앱

또 하나 소개하고 싶은 기능이 있다. 가장 자주 사용하는 블로그 기능은 다름 아닌 블로그 앱이다. 휴대폰으로 접속하는 블로그 앱은 공간의 제약 없이 블로그를 볼 수 있게 해주는 역할도 하지만 '빨리 글쓰기 위한 전략'으로 주로 활용한다.

정보 글은 사진이 많이 들어갈 수밖에 없는데 사진을 찍고 컴퓨터에 옮기고 편집하고 순서대로 배열하는 일이 생각보다 시간 소요가 많다. 여행지 글처럼 사진이 많고 설명이 들어가는 긴 글의 경우에는 사진을 골라서 어떻게 써야 할지 고민하면 글쓰기가 어려워진다.

그래서 나는 무조건 블로그 앱을 이용해서 사진을 올린다. 휴대폰에서 찍은 사진을 PC에 옮기고 업로드 하는 과정을 놀랍도록 편하게 만들어준다.

글이 많아서 앱으로 글을 쓰기에는 어려울 때도 있다. 그럴 때는 일단 사진만 앱으로 업로드 하고 [임시 저장] 한 후에 PC로 접속해서 글만 따로 작성한다. 이렇게 활용하면 가족여행이나 아이들과 외출하고 돌아오는 차 안에서도 쉽게 글을 쓸 수 있다.

대신 사진을 업로드 할 때는 사진의 촬영 또는 발생 시간 순서대로 선택해야 사진 배열 시간을 줄일 수 있다. 이런 단순한 방법이 수십 장의 사진이 있는 긴 글도 짧은 시간 안에 써낼 수 있는 비결이다.

또 시간 순서대로 올려둔 사진 덕분에 그때 상황을 쉽게 떠올리며 사진에 대한 설명글을 적기 때문에 수월하게 글을 완성할 수 있다.

블로그로
할 수 있는
N잡 활동

◇

블로그를 통한 기회 중에 수익 부분은 누구나 관심이 많다. 일정 수익은 블로그 활동에 더 재미를 느끼게 만들기도 하고, 더 적극적으로 하는 원동력이 된다. 블로그를 시작한 지 얼마 되지 않았더라도 시도해볼 만한 수익 창출 방법을 소개한다.

블로그 애드포스트

네이버에는 '애드포스트(http://adpost.naver.com)'란 제도가 있다. 미디어(블로그나 포스트)에 광고를 게재하고 광고에서 발생한 수익을 배분

네이버 애드포스트

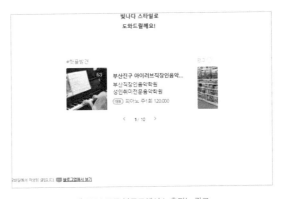

애드포스트로 블로그에서 노출되는 광고

받는 광고 매칭 및 수익 공유 서비스이다. '네이버 애드포스트'를 검색해서 [애드포스트 시작하기]를 클릭한 후 [네이버 미디어 등록하기]에 자신이 운영하는 블로그나 포스트를 등록 신청하면 된다. 신청한 블로그가 일정 기준 이상으로 판단되면 검수 통과가 되고 광고가 게재되어 수입을 받는다.

블로그 글을 읽다가 중간중간 보이는 광고가 바로 애드포스트이다. 쉽게 설명하면 내 소유의 건물에 광고 전광판을 설치해주고 대여비를 받는 것과 비슷하다. 온라인의 내 공간인 블로그에 광고할 공간을 내어 주는 것이다. 일반적으로 생각해봐도 유동인구가 많은 곳일수록 대여비가 비쌀 것이다.

온라인 블로그에서의 '유동인구'는 '방문자'로 생각하면 된다. 블로그 방문자가 많아지면 그만큼 광고가 노출되는 횟수가 많고 광고를 클릭해서 볼 확률도 높아진다. 당연히 많은 사람이 방문하는 블로그, 다양한 정보를 담고 있는 블로그가 유리하다.

하지만 네이버 애드포스트는 수익 배분이 높지 않아서 적은 금액의 부수입만 얻을 수 있다. 최근에는 '네이버 인플루언서'란 제도가 생겨서 '키워드 챌린지'에 참여하면 더 높은 수익 배분을 받을 수도 있다.

쿠팡 파트너스

블로그의 '애드포스트'와 비슷하게 내 블로그에 쿠팡의 광고를 달아두는 것이다. 차이가 있다면 블로그의 애드포스트는 광고를 클릭하는 것만으로 수익이 발생하는 데에 반해 '쿠팡 파트너스'는

쿠팡 파트너스

광고를 클릭하고 제품을 구매해야지만 수익이 난다.

나의 블로그에서 쿠팡 파트너스 광고를 보여주고 방문자가 광고를 클릭하여 쿠팡에서 구매하면 구매 금액의 N퍼센트를 수익으로 받는다. 일종의 제휴 마케팅 중 하나로, 비슷한 곳으로는 애드픽(http://adpick.co.kr), 텐핑(http://tenping.kr) 등이 있다.

쿠팡 파트너스는 얼마나 열심히 하는가에 따라서 수익이 달라진다. 그냥 자리만 빌려주는 것이 아니라 쿠팡에서 판매되는 제품을 소개하고 바로 구매하도록 전용 연결 링크까지 달아서 직접 구매를 유도해야 한다. 애드포스트보다 수익률이 높고 열심히 하는 만큼 수익이 보장되기 때문에 이런 수익을 위한 전용 블로그를 운영하는 사람도 있다.

체험단

체험단은 가장 쉽게 할 수 있는 블로그 수익화 방법이다. 다들 아는 방법이지만, 쉽게 시작하지 못하는 이유는 파워블로그나 하는 것이라는 생각과 공짜로 받는 것에 대한 편견 때문이다. 나도 처음에는 그런 생각을 했다.

그러나 체험단은 블로그를 하는 누구라도 신청할 수 있다. 선정의 문턱도 낮은 편이다. 체험단은 공짜로 물건을 받는 것이 아니라 나의 글과 제품 서비스를 교환하는 방식으로 이해하는 것이 좋다.

체험하러 가는 것도 리뷰 글을 쓰는 것도 정성과 시간이 들어가는 일이다. 당당하게 하고 싶은 체험을 신청하고 그들에게 필요한 온라인 리뷰를 교환하면 되는 것이다.

블로그 체험단은 주로 제품 사용 후기, 서비스 체험 후기를 써주고 대가로 물건이나 현금을 받는다. 체험단을 어렵게 생각하는 사람이 많은데, 체험단이라고 검색하면 여러 체험단 사이트가 나온다. 각각 사이트에 회원가입을 하고 체험 가능 리스트에서 '체험 신청'만 누르면 될 정도로 간단하다.

대표적인 체험단 사이트

· 레블 http://revu.net

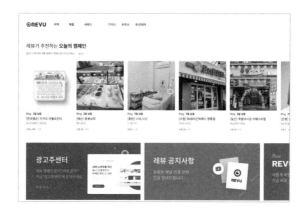

· 미블 http://mrblog.net

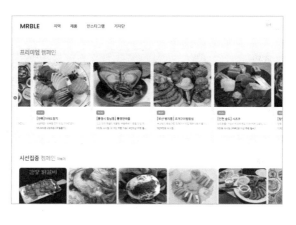

· 서울오빠 http://seoulouba.co.kr

· 모두의 블로그 http://modublog.co.kr

· 오마이블로그　http://ohmyblog.co.kr

· 리뷰통　http://reviewtong.co.kr

다음의 사진처럼 블로그 주소와 신청하는 이유를 간단히 남기고 정보를 선택한 후 [신청하기] 버튼을 클릭하면 신청이 완료된다.

생각보다 간단한 체험단 신청 페이지

금액이 높고 인기가 많은 체험은 경쟁률이 높지만, 일반적인 2~4만 원 상당의 체험들은 경쟁률이 낮은 것도 많다. 방문자가 많지 않은 블로그 초기에는 제품이 집으로 배송되는 '제품 사용' 체험보다는 오프라인 가게에 직접 가서 제공되는 서비스를 이용하는 '방문형' 체험을 신청하면 유리하다.

아무래도 '제품 사용' 체험의 경우는 전국에서 신청할 수 있어서 금액에 상관없이 신청하는 사람이 많다. 하지만 직접 가야 하는 '방문형' 체험은 근거리 지역에 있는 사람으로 한정이 된다. 그래서

'제품 사용' 체험보다는 경쟁률이 낮아서 선정될 확률이 높아진다.

한두 번 신청해보고는 선정이 잘 안 된다고 포기하는 사람이 많다. 체험단 신청 시 가장 중요한 것은 자주, 많이 신청하는 것이다. 체험단을 해본 경험이 없을수록 처음에는 많이 신청해보는 것이 좋다.

다양한 이력과 체험한 글이 나의 블로그에 쌓이면 이후로는 쉽게 체험단 활동에 선정된다.

나 역시 처음에는 범위가 좁은 지역 기반의 방문형 체험 위주로 경험을 쌓았고 나중에는 제품을 받는 체험을 신청했다. 블로그 활동을 성실히 하니 제품이나 원고료를 주고 리뷰를 부탁받는 일도 생겼다.

체험단을 처음 시작한다면 지역에 맞춰 방문형 체험 위주로 신청하는 것이 경험 쌓기에 좋다.

사람마다 잘 맞는 수익 활동은 다르다. 다양하게 서비스를 경험하고 리뷰하는 체험단이 적성에 맞고 재밌다면 즐기면서 수익을 벌어들일 수 있다.

알아두면 도움 되는
블로그 용어

블로그를 하다보면 몰랐던 용어를 자주 사용하게 된다. 시간과 정성이 들어가는 나의 온라인 공간인 만큼 운영에 도움 되는 블로그 용어를 소개한다.

키워드 도구

블로그를 운영하다 보면 상위 노출, 최적화, 유효 키워드처럼 블로그 지수를 높이기 위해서 '키워드'란 것을 신경 쓰게 된다. 키워드는 '데이터를 검색할 때에 특정한 내용이 들어 있는 정보를 찾기 위하여 사용하는 단어나 기호'를 말한다.

우리가 검색할 때 검색창에 적는 단어가 바로 키워드이다. 블로그로 수익 창출하는 방법 중 체험단이나 애드포스트는 블로그 방문자가 많으면 유리하다고 소개했다. 사람들이 많이

키워드 도구에서 키워드별 검색 수를 조회할 수 있다.

검색하는 단어를 파악하고 블로그 글을 쓰면 더 많은 방문자를 유도할 수 있다. 네이버에서 이런 기능을 제공하는데 [네이버 광고]를 검색하여 로그인 한 후 화면의 [키워드 도구]를 보면 된다.

'어린이 로션'으로 글을 쓴다고 가정했을 때, 사람들은 '어린이 로션'으로 검색을 할지 '아기 로션'으로 할지를 고민하는데, 바로 사용자의 언어이다. 내가 쓰고 싶은 단어가 아니라 사람들이 많이 쓰는 키워드를 숫자로 파악해보고, 블로그 글 속에 쓰면 사람들이 좀 더 쉽게 내 글을 찾아온다.

[키워드 도구]에 단어를 검색하면 [연관키워드]도 같이 보여주는데 사람들이 궁금해하는 것들이 무엇인지, 어떤 단어를

중점적으로 글을 쓸지 미리 파악해볼 수 있다. 많이 검색되고 클릭하는 키워드를 PC의 검색량, 모바일(휴대폰)의 검색량으로 나누어 무료로 검색할 수 있다. 네이버 광고뿐 아니라 비슷한 다른 사이트로 키자드(http://keyzard.org), 블랙키위(http://blackkiwi.net) 에서도 이런 기능을 제공한다.

마음을 나누는 댓글과 공감

내가 블로그를 시작하고 계속할 수 있었던 이유는 재미가 있어서였다. 바쁜 시간을 쪼개고 심지어 잠도 줄여가면서 적응했던 블로그가 재미있던 가장 큰 이유는 내 생각과 글에 공감해주는 사람들과 교류했기 때문이다.

나는 어떤 키워드나 로직을 아는 것보다 '댓글'과 '공감'이라는 블로그 용어를 제대로 이해하는 것이 제일 중요하다고 생각한다.

지금부터 소개하는 경험은 단시간에 이웃 숫자를 늘려주는 마케팅 대행업체와는 정반대의 방법이다. 하지만 수익과 자아실현을 동시에 하고 싶은 사람들에게 추천하는 진짜 온라인 이웃을 만드는 방법이다.

공감하는 이웃

블로그 이웃을 꼭 만들어야 할까? 대답은 꼭 만들어야 한다. 물론 정보만 발행하고 이웃은 없어도 잘 운영하는 블로그도 많다. 어디에 목적을 두느냐에 다르다. '공감하는 이웃'이라고 표현한 것은 숫자만 차지하는 이웃이 아니라 내 블로그 글쓰기에 동력이 되어줄 친구를 만든다고 생각하기 때문이다.

내가 이웃을 맺고 싶은 사람들과 이웃을 만드는 방법을 소개하고자 한다. '인플루언서'라고 알려진 사람들의 블로그를 클릭해서 읽은 글에 아무리 [공감]을 눌러도 그들은 내 블로그에 오지 않는다.

엄청난 이웃 수를 자랑하는 블로그는 보고 배우는 벤치마킹 대상이자 롤모델로 삼고, 공감하고 소통하는 이웃을 가진, 현재의 나와 비슷하게 시작하는 블로그를 찾아보자.

자주 가는 블로그의 주제는 나의 주 관심사일 것이다. 그 블로그 글에 공감과 댓글을 달아둔 사람 역시 나와 비슷한 관심사일 가능성이 크다. 그런 이웃 중에 업체 블로그는 가려내고 진짜 사람 냄새 나는 이웃을 찾아내자. 댓글만 봐도 감별할 수 있으므로 찾는 방법은 그리 어렵지 않다.

복사해서 붙여넣기 한 댓글인지 홍보 댓글인지 말하지 않아도 바로 알 수 있을 것이다. 블로그에 댓글을 남기는 사람이라면 현재 활발하게 블로그 활동을 하는 사람이라는 말이다. 시간을 들여 진솔한 댓글을 쓰는 사람이라면 홍보나 대행업체가 아닌 개인 블로그를 운영하고 있을 것이다.

해당 블로그에 방문해서 나와 비슷한 취향이나 관심사라면 이웃을 신청하고 글을 읽고 정성 담은 댓글을 남겨보자. 한 명씩 시작하다 보면 어느새 좋은 이웃들만 끌어당기고 있는 나를 발견할 수 있다.

마음을 움직이는 댓글

블로그 글을 읽고 댓글을 다는 일은 시간이 드는 수고로운 일이다. 공감과 댓글은 '신호'라고 생각한다. 글을 잘 읽었고 고맙다는 마음의 표시다. 하지만 수십, 수백 개의 공감 하트를 모두 기억하기는 어렵다.

온라인이지만 사람과 연결되는 시작은 공감과 댓글이다. 여러분의 블로그에 방문했으니 자신의 블로그도 답례 방문을 하라는 직접적인 댓글을 남기는 사람들도 있다. 누구인지 알 수 없는 온라인에서 '나'라는 사람을 각인시키는 방법에 댓글만큼 좋은 것은 없다고 생각한다.

그렇다고 무조건 칭찬만 하는 댓글, 좋은 하루 보내라는 댓글을 남기라는 것이 아니다. 기억에 남는 댓글들은 내가 쓴 글의 의도를 정확히 이해하고 쓴 댓글이다. 특별한 사람이 아니라면 대부분 그럴 것이다. 공감되는 글을 만나면 댓글로 공감의 마음을 표현하고, 내가 찾고 있던 정보를 알게 되면 감사를 남겨보자.

"참 공감 가는 글이네요."
"좋은 하루 보내세요!"
"잘 보고 갑니다. 행복한 하루 보내세요."
"고맙습니다."
"공감되는 이야기 잘 읽었습니다."

같은 말이나 이모티콘만 붙여넣는 것은 마케팅 대행업체들이 주로 하는 방법이다. 기계적인 공감 댓글을 남기려면 그냥 남기지 않는 편이 낫다. 심지어 가족에게 나쁜 일이 생겨서 쓴 글에 '정말 좋은 글이네요. 잘 보고 갑니다'란 댓글을 남긴 블로거를 본 적이 있다. 대행업체도 아니고 개인 블로그를 운영하는 사람이었지만 '글은 보지도 않고 발도장식의 댓글만 붙여넣기로 하고 있구나' 하고 느낀 적이 있다.

글의 성격에 맞는 댓글을 써야 마음도 전달된다. 댓글에 그런 정성을 들여야 하나 싶겠지만 이렇게 만든 이웃 10명은 숫자만 채운 1,000명보다 더 강력하다. 양적인 성장을 위해 이웃 숫자를 늘리는 것도 중요하지만 질적인 관계도 꼭 같이 키워야 한다. 숫자와 질적인 관계에서 우선순위를 두라면 나는 소수의 인원으로 소통하는 이웃을 먼저 선택할 것이다.

진심으로 남긴 댓글이 사람과 사람 사이의 연결을 단단히 만들어준다. 마음을 움직일 만큼 온라인의 댓글은 강력하다. 보이지 않는 온라인 속 글이지만 그 글은 사람이 쓴다는 것을 잊지 말자.

카카오
브런치에 글쓰기

◇

블로그에 일상의 경험을 쓰다 보면 정보 글뿐 아니라 감정에 관해서도 쓰게 된다. '좋았다', '싫었다'처럼 단순하게 쓸 때도 있고 고민되는 감정을 글로 쓰다가 결론에 다다르기도 한다. 감정을 글로 쓰다 보면 정보를 알려주는 글쓰기와는 다르게 생각을 쓰는 것이 감정 해소에 도움이 된다는 것을 느낄 것이다.

평소에 일기를 쓰지 않는 사람이라면 더 공감할 것이다. 공개되는 글이다 보니 가감 없이 드러내지 않았는데도 감정이 해소됨을 느낀다. 개인 일기장도 아니지만 글 속에 생각을 담아서 감정을 털어 내다보면 생각이 정리되는 신기한 경험도 하게 된다. 그렇다면 조금씩 글쓰기의 매력에 빠지고 있다는 증거다.

《매일 아침 써봤니?》에서 김민식 PD는 '나는 멋진 삶을 살고 있다. 내게는 사람들과 나누고 싶은 이야기가 있다. 그러므로 나의 글에는 부족함이 없다'라는 자세로 블로그에 글을 쓰라고 한다. 처음이라 글쓰기가 어려워서 주저되어도 믿고 매일 써나가라는 뜻이다.

실제로 매일 글 하나를 써내는 것이 또 글을 쓰게 하는 원동력이 된다. 글을 쓰고 있는 행위 자체가 계속 글을 쓰게 해준다는 의미다. 계속해서 블로그 글을 쓰다 보면 블로그가 아닌 글쓰기에 조금씩 잔 근육이 붙는다. 그리고 조금씩 정보를 남기기 위함이 아니라 내 생각을 글로 표현하는 것에 재미를 느끼게 된다.

블로그 글쓰기에 적응이 되고 재미를 느끼고 있는 사람에게 추천하고 싶은 곳이 있다. 정보가 아닌 글쓰기에 최적화된 온라인 플랫폼인 '카카오 브런치brunch'이다.

온라인에는 블로그뿐 아니라 카카오 브런치, 인스타그램, 페이스북 등 다양하고 개성 있는 플랫폼들이 있다. 어느 공간에든 쓸 수는 있지만, 글의 성격이나 목적에 따라 더 적합한 곳을 골라 똑똑하게 활용해볼 수 있다. 특히 카카오 브런치는 장소나 정보를 소개하는 글보다 개인적인 감정을 솔직하게 풀어내는 글이 더 재밌는 사람, 마음속 깊이 접어둔 작가의 꿈이 있는 사람에게 안성맞춤이다.

블로그와
브런치의 차이

블로그나 브런치 두 곳 다 글쓰기를 하는 곳인데 도대체 어떤 차이가 있는 걸까? 블로그는 익숙한데 브런치는 처음 들어보는 사람도 있을 것이다.

블로그는 앞에서도 이야기했듯이 검색을 기반으로 운영된다. 그래서 사람들이 필요한 정보를 담은 글을 써야 검색이 많이 되고, 조회 수도 올라가며 블로그의 방문자가 유지된다.

그에 반해 브런치는 정보의 검색보다는 글을 읽고 쓰는 것에 더 목적을 두고 있는 공간이다. 작가가 쓰고 싶은 글을 쓰며, 재밌는 글, 감동적인 글, 생각을 일깨우는 글, 전문 정보가 있는 글 등이 대접받는 곳이다.

브런치는 블로그처럼 다양한 수익 활동은 거의 없다. 작가가 글을 쓰기 좋고 독자가 읽고 싶게 만드는 것이 브런치의 목적이기 때문이다. 직접적인 수익 활동이 가능한 것은 아니지만 쌓아둔 글이 수익의 기회를 가져다주기도 한다. 매체나 출판사의 원고 작성이나 출간 요청을 받거나 브런치에서 열리는 다양한 공모전 입상의 기회가 생기기도 한다.

	블로그	브런치
목적	· 검색 · 방문자 유입 · 정보의 기록	· 글쓰기 활동 · 협업의 기회
수익화	다양한 수익 활동 가능 (애드포스트, 체험단, 파트너스 활동 등)	출간, 원고 요청 외엔 수익화 방안 없음
글의 유효성	비정보성 글의 경우 거의 검색 이 안 됨	시간이 지나고 읽어주는 독자 가 있음

블로그와 브런치의 차이

수익의 기회가 흔하지는 않지만, 브런치에 글을 쓰는 누구에게
든 충분히 일어날 수 있다. 바로 실현할 수 있는 수익 활동이 없는
만큼 브런치에 활동하는 사람들은 주로 글쓰기를 좋아하고 내 글
을 알리고 싶은 작가들이 많다.

블로그와 브런치 글의 차이는 정보의 제공보다는 글로 공감을
받고 싶은가에 있다. 블로그는 정보성 글을 써야 지속적인 조회와
방문자 숫자를 올릴 수 있다. 자기 생각을 담은 글을 쓸 수는 있지
만, 그나마 조회 수도 낮고 검색도 거의 되지 않는다.

같은 글을 블로그와 브런치에 쓴 경우 : 블로그 누적 조회수 132회

같은 글을 블로그와 브런치에 쓴 경우 : 브런치 누적 조회수 1,300회

반면에 브런치 글은 시간이 지나도 살아 있는 글이라고 표현한다. 글은 독자가 읽어줘야 의미가 있는데, 일 년 전에 쓴 글도 누군가 꾸준히 읽어주는 곳이 바로 브런치다. 글을 발행한 시기에 몇 만 명이 읽는 것도 의미가 있지만, 과거에 쓴 글이 현재의 독자에게 영감을 주고 공감을 받는 일도 작가로서는 행복한 일이기 때문이다. 실제로 발행한 당시에 큰 인기를 끌지 못했던 글이 몇 개월이 지나자 그동안 읽은 독자의 숫자가 몇 천 명이 되기도 했다.

브런치 글쓰기가
잘 맞는 사람

브런치는 글이 대접받는 곳이라고 소개하니 '전문 작가가 아닌 사람이 쓸 수 없는 걸까'란 생각을 할지 모른다. 대답부터 하자면 '아니다'이다. 브런치에서는 누구든지 작가가 될 수 있다. 브런치에는 어떤 주제의 글이든 쓸 수만 있다면 가능하다.

먼저 브런치에 어떤 글들이 있는지 살펴보자. 일반적으로 브런치에는 에세이 글만 있다고 생각하기 쉬운데 둘러보면 다양한 소재와 유형의 글이 있다.

BRUNCH KEYWORD

브런치 홈에서 볼 수 있는 글 분류

　브런치의 메인 화면에서 주로 추천되는 글은 에세이 형식이 많기는 하지만, 전문가 논평 같은 글부터 생활 정보 글까지 다양하다. 글의 범주는 다양하지만 하나같이 글이 재미있고 술술 읽힌다는 공통점도 있다. 평범한 일상도 흥미롭게 바꾸는 글맛, 어려운 정보도 숨은 이야기까지 잘 배치해서 쉽게 이해되는 필력의 글이 많다. 전혀 모르는 컴퓨터 코딩 이야기도, 헷갈리던 역사 이야기도 '이렇게 재미있었던가' 하면서 읽게 되는 곳이 브런치이다.

　당연히 글쓰기를 즐기는 사람, 잘 쓰는 사람들에게 브런치가 맞다. 하지만 글을 잘 쓰고 싶은 사람, 마음속에 조심스레 작가의 꿈을 꾸는 사람에게 더 추천한다. 글은 운동이나 노래처럼 일정 부분 훈련이 될 수 있는 영역이라고 여러 작가가 말한 것처럼, 현재는 부족하다고 느끼는 실력이라도 꾸준히 쓰게 되면 글도 발전하게

- 에세이 글

  감성 에세이, 육아 이야기, 사랑과 이별 이야기, 직장인 현실조언 등
- 전문적인 글

  시사, IT, 영화 리뷰, 스타트업 경험담, 건축과 설계, 문화와 예술, 인문학과 철학, 심리탐구, 디자인 스토리, 역사 등
- 정보를 담은 글

  요리와 레시피, 사진과 촬영, 영화 리뷰, 책 리뷰, 음악, 건강과 운동, 글쓰기 관련 등
- 다양한 유형 글

  그림과 웹툰, 캘리그래피

된다. 학창시절 한두 번 백일장에서 상을 받아본 정도의 실력이나 일기를 꾸준히 써온 정도라도, 언젠가 글을 써보고 싶다는 마음만 있다면 꼭 도전해보길 권한다.

- 이런 사람에게 브런치를 추천합니다
- 글쓰기와 연관성 높은 직업(業) : 기자, 마케터, 편집자 등
- 스스로 글을 잘 쓴다고 생각하는 사람
- 일기나 글쓰기가 재미있다고 느껴본 사람
- 언젠가 내 이름으로 된 책을 내고 싶은 꿈이 있는 사람
- 내 일상의 이야기를 글로 만들어보고 싶은 사람

브런치에서 작가라는 이름으로 활동하면 경험컨대 진짜 글이 발전한다. 좋은 글을 자주 보고 내 글에 공감해주는 독자가 생기며, 도서 출간과 같은 다양한 프로젝트들을 접하면서 내 꿈과 글쓰기 실력이 향상되는 것을 느낄 수 있을 것이다.

나 역시 작가 신청에서 떨어진 경험이 있다. 하지만 꾸준히 노력한 결과 공모전에서 브런치 작가 1만 명 중 최종 60명의 작가로 당선되었다. 솔직히 글쓰기가 나의 재능이라고 생각한 적 없이 살아왔는데, 노력 앞에서는 그 무엇도 방해되지 않는다는 것을 느끼는 순간이었다.

브런치와 EBS가 함께 기획했던 1년 프로젝트 공모전 '나는 작가다'에 당선되어 EBS에서 수상 글을 직접 녹음하여 내 글과 목소리가 공중파 라디오로 방송되는 경험을 했다. 그리고 당선 글은 정식 출간되었다.

브런치 글쓰기는 블로그 글쓰기와는 또 다른 기회를 제공한다.

글을 쓰는 모두가 작가라고 생각한다. 글을 써보지 않고는 잘 쓰는지 아닌지 누구도 판단할 수 없다. 글쓰기에 대한 작은 열정이 생겼다면 주저 말고 브런치를 도전해보길.

브런치는 무엇인가

브런치는 출간 작가, 예비 작가들이 모여서 글을 쓰고 읽는 공간이다. 2020년 9월까지의 통계를 보면 등록 작가는 3만 7천여 명, 출간 작가는 2천 명, 출간 작품은 2천 100여 권이라고 한다. 실로 어마어마한 숫자이다. 편의상 출간 작가, 예비 작가로 구분했지만 여기서는 글 쓰는 사람을 모두 작가님으로 칭한다.

주로 에세이가 대부분이지만 웹툰부터 사진까지 짧은 글, 그림 등 꼭 글만으로 국한되지도 않고 장르를 불문하고 브런치 글을 좋아하는 마니아층도 두텁다.

또 브런치 작가들을 대상으로 한 출간 공모전, 다양한 기획 공모전도 많이 개최한다. 좋은 공모전이 많아서 공모전 응모를 위해 브런치 작가가 되려고도 한다. 특별한 점은 브런치에서는 글쓰기 권한을 심사한다는 것이다. 글은 누구나 읽을 수 있지만 글쓰기를 하려면 심사 통과라는 관문을 거쳐야 한다.

브런치를 글쓰기 좋은 곳으로 만들기 위해서 다양한 기획으로 지속적 활동에 동기부여를 한다. 그래서 국내 플랫폼 중 가장 글쓰기 좋은 곳이라고 소개되기도 한다.

여러 베스트셀러를 탄생시켰을 뿐만 아니라 공감받는 글은 출간의 기회가 바로 옆에 있기에 브런치에 글을 쓰지 않을 이유가 없다.

또한 출간 제의뿐 아니라 방송이나 다양한 매거진에서도 원고 작성을 요청받기도 한다. 브런치에 쓰는 글은 출간이나 원고 요청 같은 미래의 수익이나 기회를 가져다줄 포트폴리오가 되기도 한다.

회사원이자 브런치 작가인 '아웃풋 하는 남자'(유인석)님은 '마인드맵'에 관한 여러 개의 글을 발행해서 브런치 북을 만들었다. 평소 탄탄한 기획과 날카로운 필력이 돋보여서 재미있게 읽었던 글이었다. 글을 완성한 지 몇 개월이 지났는데 그 글을 보고 '퍼블리'란 곳에서 연락이 왔다. 퍼블리는 유료 글 구독 플랫폼으로, '마인드맵'이라는 글을 기획하는 '퍼블리' 담당자가 브런치에서 부합하는 작가를 발견한 것이다.

출판사뿐 아니라 비슷한 성격의 플랫폼에서도 눈여겨보는 곳이라니 브런치의 '글'이 어떤 대우를 받는지 짐작이 될 것이다.

물론 이런 기회가 흔하게 오는 것은 아니다. 좋을 글을 꾸준히 써나가는 작가들에게 찾아온다. 다양한 기회는 늘 열려 있다. 글쓰기와 포트폴리오를 위해서 애정을 가지고 활동해보길 바란다.

다양한 매체와 형태의 제안이 브런치에서는 가능하다. 브런치는 좋은 글과 작가들이 활동하기 위한 최적의 시스템으로 거듭나기 위해 노력한다. 그래서 글을 쓰는 작가들에게 좋은 기회의 통로가 되도록 적극적으로 장려한다. '제안하기' 기능으로 출판사나 매체의 담당자들이 작가에게 쉽게 원고 요청을 할 수 있게 돕기도 한다.

예비 작가뿐 아니라 기성 작가들 역시, '다음'과 '카카오톡'으로 홍보되는 브런치의 마케팅력을 적극적으로 활용하기도 하고, 브런치를 독자와 소통하는 공간으로 삼고 꾸준히 발행하기도 한다.

브런치
작가가 되려면

◇

　여러 가지로 매력적인 브런치를 알게 된 사람들은 당장 이곳에 글을 써보고 싶어 한다. 하지만 여기에는 '작가 선정'이라는 관문이 존재한다. 회원가입으로 누구나 글을 읽을 수는 있지만, 글을 쓸 수 있는 권한은 일종의 테스트를 통과해야 부여받는다.

　실제 나는 브런치 작가로 합격했던 경험을 사람들에게 알려주는 강의를 통해서 온라인 강사로 데뷔하기도 했다. 또 그 노하우를 전자책으로 엮어서 재능거래 사이트에서 판매하기도 했다. 《작가가 되는 법》이란 전자책과 강의를 사람들이 찾을 만큼 브런치 작가 선정에서 고배를 마시는 사람들이 많다. 실제 한 번, 두 번 떨어지는 사례는 흔하고 10번까지 떨어지는 경우도 보았다.

작가소개

300자 이내로 자신을 소개해야 한다. 이 소개는 이름, 직업, 성별과 같은 자기소개가 아니다. 나라는 사람과 내가 쓸 글을 소개해야 한다.

입사지원서에는 내가 가진 기술과 능력을 중점적으로 보여주고 회사에 필요한 인재라는 것을 어필한다. 그렇다면 브런치 작가소개에는 무엇을 중점으로 써야 할까? 브런치에 '어떤 글'을 쓸 작가인가를 보여줘야 한다.

경력이나 특별한 이력처럼 나의 현재에 관해 쓸 수도 있고, 나의 정체성을 표현해줄 소개도 가능하다. 경력이든 경험이든 앞으로 쓸 글과 연결해 줄 계기가 되는 사건을 중심으로 소개하면 좋다. 픽션, 논픽션을 막론하고 어떤 사건을 통해서 영감을 받아 쓸 때가 많다. 나를 표현하는 환경, 직업, 생활패턴, 가치관 등은 앞으로 내가 쓸 글을 암시하기도 한다.

그렇다면 어떤 자기소개를 브런치가 좋아할지 브런치 강의를 통해 만난 사례들로 분석한 유형들을 소개한다.

먼저, 사람들이 가장 많이 하는 매력 없어 보이는 소개가 있다.

모든 이력, 자격증까지 나열하는 소개와 기본 인적사항까지 상세히 적는 소개 글이다. 앞으로 쓸 글에 40대의 이야기가 안 들어간다면 40대인지, 아이가 1명인지 어디에 사는지까지는 쓸 필요가 없다는 말이다.

· 피해야 할 자기소개 유형
- 이력서처럼 모든 자격 사항을 나열하기
- 기본 인적사항까지 구구절절 설명하기

돋보이는 자기소개 만들기

뻔하지 않은 자기소개를 하는 것이 어렵다면 나를 대표해서 표현해줄 수식어를 찾아보자. '예쁜', '착한' 같은 수식어가 아니라 나의 정체성을 나타내는 형용구를 만들어서 소개하면 나의 개성을 한 장으로도 잘 드러낼 수 있다.

○ 흔히 쓰는 소개 글

학생과 수업을 사랑하는 12년 차 현직 교사이다. 교사로의 삶도 사랑하지만 자기 성장에도 관심이 많아 어떤 배움이든 적극적이다. 나의 성장 여정을 글로 쓰고 싶다.

대부분 소개하는 글 유형이다. 이런 흔한 소개를 작가의 정체성과 이력을 넣어서 다시 써보면 다음과 같다.

○ 자발(자기계발)적 일탈을 꿈꾸는 국공립교사

자기계발을 일탈처럼 즐기는 12년 차 국공립교사이다. 학교에서 만나게 되는 세상은 혁신과 보수를 동시에 경험하게 된다. 안정된 직업을 가졌지만 변화하고 성장하는 나를 만드는 과정은 더 즐거운 학교생활을 하는 원동력이다. 자발(자기계발)적 일탈을 즐기는 교사가 만들어가는 특별한 수업 이야기를 글로 쓰고 있다.

활동계획

브런치에서 작가가 되면 어떤 글을 쓸 것인지를 소개하는 부분이다. 300자 이내로 방향, 주제, 소재, 대략의 목차를 포함하는 것이 좋다. '밝고 희망찬 이야기를 쓰겠다'처럼 모호한 표현은 최대한 피하는 것이 좋다.

구체적인 이야기의 주제나 방향 없이 뜬구름 같은 '흥미진진한 이야기'를 쓸 수 있다는 자기 피력은 본인도 어떤 글을 쓸지 정하지 못했다는 것을 알리는 표현이다.

또 쓸 글의 목차를 책의 목차처럼 써야 하는지 헷갈려 하는 사람도 있다. 300자로 표현해야 하므로 핵심적인 목차 몇 개만 쓰면 된다.

자신의 다재다능함을 보여주려고 다양한 이야기를 쓰는 사람도 있는데 이런 경우는 오히려 핵심 되는 계획이 어떤 것이지 헷갈리게 된다. 실제 코칭에서 만난 사람 중 그냥 열심히 하겠다는 경우가 대부분이었다. 그들의 활동계획은 매력적이지 않다.

심사용으로 제출할 글

작가소개와 활동계획까지 작성했다면 작가의 능력을 보여줄 글을 최소 1개에서 최대 3개까지 첨부해야 한다. 앞서 말한 작가소개와 활동계획도 중요하지만, 작가로의 심사는 당연히 글이 핵심이다. 심사용 글에 더 적합한 주제나 형식 같은 것은 없다. 자유롭다 보니 자신이 쓰고 싶은 글을 써서 보내는 경우가 많은데, 이 글을 읽을 사람이 누구인지 반드시 기억해주길 바란다.

브런치 글의 첫 번째 독자는 브런치 심사 담당자이다. 독자가 글을 보고 다음 글이 기대되도록 만들어야 한다. 심사용 글에 내가 얼마나 능력 있는 사람인지를 강조하느라 정작 글을 놓치기도 하는데, 다양한 경험, 화려한 이력은 작가소개에서 언급한 것으로 충분하다. 그 경험, 경력과 연관된 생각과 스토리를 글로 보여줘야 한다.

물론 아무 글이나 낼 사람은 없을 것이다. 오히려 잘 쓴 글을 신경 써서 제출할 것이다. 여기서 주의할 부분이 있는데, '잘 쓴 글'이라는 프레임에 갇혀서 독자의 흥미를 놓치는 경우가 많다는 것이다.

잘 쓴 글이란 기준은 없지만 독자가 매력을 느끼는 글은 짐작해볼 수는 있다. 브런치 강의와 코칭을 통해 확실히 느낀 점은 '잘 쓴 글'보다는 '재밌는 글'이 합격하는 경우가 많았다. 일부러 재미없는 글을 쓰는 사람은 없을 것이고 쓰다 보니 글을 지루하게 만드는 실수를 하는 것이다.

독자이자 심사 담당자가 느끼기에 재미없고 지루한 글을 유형별로 알아보자.

심사용 글에서 흔히 하는 실수들

① 자신의 감정에 빠진 글

자신이 받은 감동, 힘들었던 이야기를 쓸 수는 있지만, 과도한 자기연민에 빠져서 자신도 모르게 글쓰기에 감정 분출만 가득 담지는 않았는지 돌이켜보자.

작가에게는 감정이 해소되고 몰입되는 글이더라도 독자는 오히려 과도한 슬픔, 분노같은 감정이 부담스러울 수 있다. 흔히 내가 얼마나 고생했는지, 힘들었던 사연을 책으로 출간하면 몇 권은 나온다고 말하는 글들은 감정이 과도하게 들어간다. 본격적인 이야기는 나오지도 않았는데 작가의 힘들었던 배경을 읽다가 독자는 흥미를 잃는다.

> 나는 수도권에 3개, 지방에 2개 모두 5개의 대학에 원서를 썼지만 떨어졌다. 얼마나 운이 없는지 두 개의 전공을 놓고 고민했었는데, 다른 과는 정원 미달이었지만 내가 지원한 학과로만 인원이 몰렸다. 그때 첫사랑과도 헤어지면서 스무 살을 생각하면 깊은 좌절을 처음 경험한 것만 떠오른다.

여기에서는 첫 좌절을 말하고 싶은데 작가에게만 특별했던 사소한 기억들 때문에 핵심을 느낄 수 없다. 이럴 때는 '지원했던 5개 대학에서 모두 떨어지고 첫사랑과도 이별했던 나의 스무 살은 첫 좌절을 깊이 경험한 해로 기억된다'처럼 쓰는 것이 다음 이야기에 집중하기 좋다.

② 핵심 내용 없이 배경 설명만 가득한 글

시간의 순서대로, 혹은 핵심 스토리를 알기 전 사전 설명을 길게 쓰는 사람들이 있다. 나에게는 사소한 것까지 중요한 일이겠지만 담백하게 생략도 있어야 글이 재밌어진다. 이야기 순서에 집중한 나머지 장황한 배경 설명만 하다 심사용 글을 마무리하는 때도 있다.

글을 쓰는 사람만 다음 편부터 재미있는 글이 나오니까 기대하고 있을 거로 생각한다. 하지만 브런치 심사 담당자는 한 편의 글로 판단한다는 점을 반드시 잊지 말자. 핵심 내용은 없고 배경 설명으로 끝낸 글을 보고 예비 작가의 스토리 능력이나 필력을 짐작하기는 어렵다.

'이제부터 나의 좌충우돌 스토리가 시작된다'와 같은 문장으로 마무리하면서 스토리는 아직 언급도 하지 않은 글을 첨부하는 실수를 많이 한다. 장담컨대 절대 통과할 수 없다.

③ 주제가 없는 글

에세이는 일상생활 속에서 얻은 생각과 느낌을 형식에 얽매이지 않고 자유롭게 쓴 글을 말한다. 일상의 경험에서 영감을 받다 보니 그 상황만 구체적으로 쓰고 끝내 버리기도 한다.

이런 메시지를 줘야지 하다가 스토리 설명만 하고 핵심주제를 잊어버릴 때가 있다. 또는 생각이나 느낌은 있지만 글로 어떻게 써야 할지 생각의 정리가 덜 된 글일수록 주제가 없거나 모호하다.

글은 독자가 생각할 주제를 가지고 있어야 완성도가 올라간다. 작가의 메시지가 없는 글은 미완성된 느낌을 준다. 전문 작가가 아니다 보니 스토리에 집중하다 주제를 놓치기도 하는데 항상 '내가 글을 통해서 하고 싶은 말이 무엇일까?'를 생각해야 한다. 전하고자 하는 주제를 명확히 전달해야 한다.

브런치
작가 시점

'전지적 작가 시점'이란 말이 있다. 전지적 작가 시점은 작가가 등장인물의 행동과 태도뿐만 아니라 그의 내면까지도 분석하고 설명하면서 이야기를 끌어가는 방식을 말한다. 나는 브런치에 글을 쓸 때 '브런치 작가 시점'을 가지라고 한다.

'브런치 작가 시점'이란 브런치가 좋아하는 글의 유형을 아는 것을 말한다. '브런치'적 글을 알면 내가 쓴 글이 추천받을 확률이 높아진다. '브런치'적인 글에서 중요하게 꼽는 것은 제목이다. 브런치가 좋아하는 제목 유형만 알아도 '브런치 작가적 시점'을 절반은 이해한 것이다.

하루에도 수많은 글이 발행되는 브런치에서 한 달 동안 쓴 글 15개 중 11개가 추천에 오를 수 있었던 이유는 브런치가 좋아하는 제목을 파악하고 있었기 때문이었다.

처음부터 쓰는 글마다 추천이 되었던 것은 아니다. 한 번의 탈락 후 작가가 되어 글을 썼는데, 초라한 조회 수에 글쓰기의 재미까지 없어졌다. 그래서 추천, 소개받는 글은 무엇이 다를까를 집중해서 살펴보니 일정한 유형을 발견하게 되었다. 브런치 홈페이지나 앱, 다음에 추천되는 글을 살펴보고 분석해 본 브런치가 좋아하는 제목은 다음과 같다.

· 브런치가 좋아하는 제목 네 가지 유형
- 대비적인 표현
- 살짝 숨겨서 호기심 유발
- 논쟁이 될 만한 문장
- 시의성 있는 단어

대비적으로 표현한 제목

'혁신적인 교사는 개뿔'이라는 제목이 '혁신적인 개발자는 개뿔'이었다면 느낌이 달랐을 것이다. 공무원인 교사는 주로 보수적 이미지로 표현되는데, '혁신'이라는 '교사'와 어울리지 않는 단어를 매치해서 '교사'란 직업의 극적 효과를 주는 제목이다. 이런 식으로 사람들은 예상 가능한 이야기가 아닐 때 새로움을 느낀다.

혁신적인 교사는 개뿔
(브런치 작가 '오늘이말')

살짝 숨겨서 호기심 유발하는 제목

'고수는 도대체 왜 먹는 거야?'라는 제목을 본 독자는 '그래서 고수는 왜 넣는 거야?' 하는 생각을 떠올리며 다음 이야기를 궁금해한다. 호기심은 인간의 본성이다. 제목과 대표 사진(섬네일)만 보고 이유가 궁금해진다면 독자는 평소에

고수는 도대체 왜 먹는 거야?
(브런치 작가 '맵다 쓰다')

관심이 없더라도 글을 읽어보게 된다.

논쟁이 될 만한 문장의 제목

사람들이 떠올리는 엄마 역할의 고정
관념에 대한 글이다. 사회적 편견이나
고정관념과 같은 주제는 정답이 없는
만큼 찬성과 반대가 존재한다. 채식과
육식, 남성과 여성, 부자와 빈자처럼 팽
팽한 논쟁이 될 만한 글도 자주 보인다.
생각의 표현이 말보다 자유로운 글의
특성상 소신 있는 주제를 담은 문장이
제목에 보이면 사람들은 찬성이나 반대
를 생각하거나 의견을 표현하고 싶어 한다.

'엄마는 그래야 한다'는
고정관념을 버려!
(브런치 작가 '해피오미')

시의성 있는 단어가 포함된 제목

사람들은 자기와 연관성이 있거나 평소 생각했던 것에 더 관심
을 가진다. 시의성의 예로는 계절, 유행하는 드라마, 인기 있는 영
화, 화제의 인물 등이 있다. 코로나 바이러스로 인한 생활의 변화

처럼 사람들이 비슷하게 느끼는 것들도 시의성이다.

'양준일'이라는 가수가 방송에 소개되면서 다시 주목받았던 적이 있다. 그 당시 방송, 인터넷 기사에는 신드롬처럼 연일 '양준일'만 나오는 것을 보고 쓴 글이 있다. '양준일이 내게 해 준 그 말'로 제목을 정했는데 브런치 추천과 다음

양준일이 내게 해 준 그 말
(브런치 작가 '맵다 쓰다')

메인에 노출이 되면서 1만 7천 명의 독자가 읽게 되었다.

나의 글뿐 아니라 비슷한 시기에 '양준일' 관련 글이 브런치에 쏟아졌다. 동시대의 사람들은 문화, 사회현상을 같이 경험하기 때문에 궁금해하는 대상이나 영감받는 것이 비슷할 수밖에 없다.

브런치가 좋아하는 제목을 알고 있다는 것은 독자에게 바로 도착하는 '직행열차표'를 예약하는 것과 같다.

나의 소소한 일상과 생각을 담은 글이 수천, 수만 명에게 소개되기도 하고 원고를 요청받거나 출간 러브콜을 받는 곳이 브런치이다. 내 생각이 글이 되고, 그 글이 작품이 되는 공간, 브런치 작가

다음 메인에 추천되었던
시의성 있는 제목

브런치에 소개된 비슷한 시기의 시의성 있는 인물에 대한 글들

에 꼭 도전해보길 바란다. '브런치 작가의 명함'이 가져다줄 수많은 기회를 놓치지 말기를.

프로그램 모집과 모집글 쓰기

◇

    글을 꾸준히 쓰다 보니 이벤트, 공모전 당첨 같은 기회를 얻기도 했고, 사람들이 글쓰는 방법을 질문해오기도 했다. 바로 N잡 시작의 신호였다. 그래서 글로 알리게 된 나의 재능에, 사람들이 필요로 한 것을 놓치지 않고 강의로 연결했다.

    이전에도 블로그를 하면서 체험단이나 공모전 당선 등으로 비정기적 수익이 있었다. 하지만 본격적인 수익은 '프로그램'을 운영하고 강의를 하면서 발생했다.

    블로그나 브런치 글쓰기가 일방적이고 평면적이라면 '프로그램과 강의'는 상호적이고 입체적이라 고려해야 할 것들이 많다. 사람을 모으는 일도 원활하게 운영하는 것들도 알아둬야 한다.

'프로그램 모집'이란 말을 처음 들었다면, 도대체 무슨 프로그램을 말하는지 모를 것이다. 게다가 블로그로 모집할 수 있는 프로그램이 있다는 것도 모를 것이다. 여기서 말하는 '프로그램'이란 강의나 모임이라고 이해하면 쉽다. 비용이나 형태, 참여 인원, 주제를 다양하게 선정할 수 있고, 도서관 강의나 온라인을 통해서 이뤄지는 강의들을 말한다. 온라인 글쓰기를 통해서 개인도 다양한 형태로 프로그램을 기획하고 운영할 수 있다.

사람을 연결하는 온라인
언제나 연결을 원하는 사람들

비대면 시대에 들어서면서 온라인을 통한 프로그램이 많이 생겨나고 있다. '카카오프로젝트100'이 대표적이다. '카카오프로젝트100'은 유명한 온라인 습관 인증 프로그램인데, 100일간 진행되며 참가자들은 실천 보증금 1만 원을 내고 참여한다. 본인이 실천한 날만큼 환급받는 시스템이고 미환급 보증금은 카카오의 사회 공헌 플랫폼 '카카오같이가치'에 기부된다. 예전에 오프라인을 통해서 공동 관심사를 나누던 동호회의 문화가 오픈 채팅방, 네이버 밴드 등으로 옮겨가고 있다.

그뿐만 아니라 오프라인의 전유물로 여긴 운동, 취미 강좌까지 온라인 인터넷 강의로 대체되고 있다.《트렌드 코리아 2021》에서는 비대면으로 다양한 취미 클래스를 제공하는 온라인 취미 플랫폼과 재능이나 지식을 공유하고 활용할 수 있는 재능 공유 플랫폼 시장의 규모가 2019년 상반기 대비 이용 건수 및 이용 금액 모두 눈에 띄는 증가율을 보

카카오프로젝트100

였다고 한다. 이용 금액 기준 온라인 취미 클래스는 138퍼센트, 재능 공유 플랫폼은 105퍼센트 정도 증가했다는 빅데이터 분석을 내놓기도 했다. 비대면 시대가 가져온 변화는 '클래스101', '클래스톡'과 같은 플랫폼에서 '색연필 드로잉'을 배우고, 집에서 영상을 보며 '필라테스' 하는 것을 익숙하게 만들었다.

팬데믹 상황으로 인한 사람들 간의 거리두기가 강화되어도 공감과 연대에 대한 욕구는 사라지지 않는다. 일부의 전유물이었던 동호회 카페, 밴드가 확장되고 온라인을 통한 회의나 강의가 활성화되었다.

온라인이 사회적 연결 기능을 대신하자 블로그 같은 온라인 플랫폼에 관심 두는 사람들이 더 많아졌다. 앞으로 상황이 나아지더

라도 온라인의 편리함을 경험한 사람들은 이전의 삶으로 돌아가지 않을 것이다. 사람들은 온라인으로 생활의 중심축을 옮겨갈 것이다.

비록 전문가는 아니더라도 우리가 운영할 수 있는 가장 쉬운 플랫폼인 블로그를 시작한 것은 좋은 선택이라고 생각된다. 블로그만 있어도 나의 사업을 홍보할 수도 있고, 재능으로 사람을 모아서 정보를 나누는 프로그램을 기획하여 함께 할 수 있다. 대형 플랫폼에서 제공하지 못하는 친밀한 소통과 세밀한 요구를 충족시킬 수 있는 프로그램을 만들 수 있다.

블로그로 운영할 수 있는 프로그램들

일상부터 전문 분야까지 다양한 프로그램의 세계에서 블로그로 운영할 수 있는 프로그램은 어떤 것들이 있을까?

매일 정리하는 습관부터 전문적인 분야까지 모두 가능하다. 외국어 실력 향상을 위해 영어 문장을 섀도잉하는 영어 모임, 같이 책을 읽고 생각을 나누는 독서 모임, 새벽 기상을 습관화하고 싶은 사람들의 기상 인증 모임까지, 사람들이 온라인 인증으로 얻고 싶은 것은 다양하다. 독실한 기독교 신자인 블로그 이웃은 코로나로 종교 생활이 어려워지자 매일 성경 필사하는 필사 모임을 만들어서 운영하고 있다.

어렵게 생각하지 말고 내가 잘 아는 것, 좋아하는 취미 활동, 습관으로 만들고 싶은 행동을 주제로 생각해보자.

· **잘 아는 것** | 경험, 노하우
· **좋아하는 것** | 취미 활동
· **습관으로 만들고 싶은 것** | 독서, 기상, 운동, 식습관 등

'브런치 작가 합격 노하우' 강의처럼 좁지만, 구체적 대상이 있는 프로그램도 만들 수 있다.

인증 프로그램의 예시
· **목표** | 매일 블로그 쓰기
· **참여 자격** | 블로그를 운영하는 사람
· **핵심 타깃** | 꾸준히 블로그를 운영하고 싶은데 글이 쉽게 안 써지는 사람
· **프로그램 참여 후 기대되는 모습** | 매일 글 쓰는 습관 등
· **방법** | 매일 블로그 글 쓰고 자정 전에 단체 채팅방에 공유하기
· **참여형태** | 참여회비 + 보증금제도 / 미션 완료 시 환급
· **프로그램명** | 막쓰다

> · **네이밍 이유** | 완벽하게 정리해서 쓰려고 하는 마음이 글쓰기 자체를 가로막기 때문에 편안하게 써도 되며 완벽하지 않아도 된다는 의미를 담음

강의와 과정을 인증하는 '강의형 프로그램'도 있다. 내가 운영했던 브런치 작가에 도전하는 '작가의 명함'은 강의와 과제 피드백이 결합한 형태였다. '전자책, 콘텐츠의 씨드가 되다(전콘씨)'는 PDF 전자책을 쓰고 싶은 사람이 방법을 배우고 주어진 과제를 완수하면서 과정을 인증하는 30일 프로그램이다. 주제도 운영의 형태도 필요에 따라 다양하게 만들 수 있다.

> **강의 프로그램의 예시**
> · **목표** | PDF 전자책 완성하고 등록하기
> · **참여 자격** | 다양한 수익 파이프라인을 만들고 싶은 사람
> · **핵심 타깃** | 부수입이나 노하우의 정리를 위한 PDF 전자책을 만들고 싶은 사람
> · **프로그램 참여 후 기대되는 모습** | PDF 전자책 완성과 거래 플랫폼 승인 완료
> · **방법** | 메인 강의와 미션별 미니 강의를 듣고 전자책을 작성
> · **참여형태** | 강의료 + 프로그램 참여비

> · **프로그램명** | 전자책, 콘텐츠의 씨드가 되다(전콘씨)
> · **네이밍 이유** | 부수입을 위한 PDF 전자책 작성뿐 아니라 자신이 가
> 진 콘텐츠를 재정의하고 구조화시켜 전자책으로 만드는 계기 자체
> 가 미래에 큰 수익을 가져올 씨드 콘텐츠가 되어준다는 의미

고정된 글쓰기 시간을 확보하고 싶어서 새벽 글쓰기 프로그램을 만들었고, 매일 블로그 글을 지속해서 써보고 싶은 마음으로 사람을 모으기도 했다. 내가 같이하고 싶은 것, 누군가에게 알려줄 만한 것이 있다면 무엇이든 프로그램으로 가능하다.

사람을 모으는 모집 글
스토리에 집중하라

온라인에서 물건을 팔든, 강의하든, 사람들과 함께하는 프로그램을 기획하든지 모두 '글쓰기'를 빼놓을 수 없다. 글 읽는 사람의 문해력을 키워줄 수는 없지만, 글을 읽기 싫어하는 요즘 사람들에 맞춰 전략적으로 글을 쓸 수는 있다.

다양한 프로그램을 운영하니 '모집 공지' 글에 관련 질문을 많이 받았다. 온라인으로 활동하는 강사나 운영자도 하나같이 모집 글은 어렵다고 한다. 강의든, 프로그램이든 블로그를 통해서 사람

을 모으려면 모집 글을 써야 한다. 어떤 프로그램인지 홍보하고 같이할 사람을 모으는 글이 '모집 공지'이다.

사람을 모으고 홍보하는 일은 어려운 일이다. 전문가도 아닌 우리가 쉽게 할 수 있을까 걱정이 되는 것은 당연하다. 거대 플랫폼이 기획하는 프로그램이라면 홍보전문가가 모집과 홍보를 맡을 것이다. 중요한 데이터를 가지고 관심 있을 만한 사람을 타깃으로 하는 광고를 하기도 한다. 그렇다면 전문가가 아닌 개인 운영자는 어떤 무기가 있어야 할까?

모집하는 글에서 보통 프로그램의 정보, 진행 방법, 좋은 후기까지는 있다. 여기에 '스토리텔링'이 있어야 한다고 생각한다. 잘된 스토리텔링은 프로그램의 가치를 올려준다.

《트렌드 코리아 2021》에서 2021년 소비 트렌드 키워드로 '휴먼 터치'를 꼽았다. 소비자가 구매 결정을 내리는 '진실의 순간', 진정한 공감대를 끌어낼 수 있는 것은 바로 인간적인 '감성'과 '공감'이라는 말이다.

사람들은 이성적인 비교만 해서 구매를 결정하는 것이 아니라 인간적인 감성을 깨우고 공감되는 것에도 영향을 받는다. 광고 없이 모집 글만으로 인간적인 감성을 깨우고 마음을 움직일 만한 공감을 불러일으키려면 그냥 '잘' 쓴 글 말고 '스토리텔링'이 있는 글이 필요하다.

첫 강의였던 '작가의 명함'은 그런 마음을 겨냥해서 이름을 정했다. '브런치 작가가 되는 노하우'가 필요한 대상은 누구일까? 바로 글을 쓰고 싶은 사람이다. 다양한 글쓰기 장르 중에서 브런치라는 온라인 플랫폼에서 간절히 작가가 되고 싶은 사람은 프로 작가가 아닐 확률이 높다. 글에 특화된 온라인 플랫폼인 브런치에 글을 쓸 자격을 얻게 될 때 사람들은 어떤 가치로 받아들일지를 생각했다. '작가'라는 타이틀과 스스로에 대한 인정의 의미로 생각하는 경우가 많을 것이다.

바로 타깃 신청자의 마음을 스토리로 정하고 작가의 명함을 선물해주는 강의로 모집 글을 적었다. 브런치란 곳을 처음 알았는데도 강의를 듣고 싶다는 신청 댓글이 상당수였고 인기리에 마감이 되었다.

오프라인에서 취미로 미술 수업을 신청한다고 예를 들어보자. 내가 하고 싶은 분야를 가르치는 곳인지, 위치는 어딘지, 강사는 어떤지, 비용은 얼마인지 등을 고려할 것이다. 유명한 선생님이라면 먼 곳까지 가는 일도 있고 편의성 때문에 가까운 문화센터에서 신청하기도 한다.

그렇다면 온라인은 어떤 것을 고려할까? 접근 편의성은 필요 없어지고 분야나 비용, 강사가 주요 고려할 요소가 된다. 보통은 강사가 운영자가 된다. 왜 이 사람에게 배우고 같이 하면 좋을지가 큰 부분을 차지한다. 그중 운영자는 아주 중요한 요소이다. 비슷한 분야라도 마음이 더 맞는 운영자가 하는 프로그램을 선택하기 마련이다.

블로그는 나를 보여주는 공간이다. 운영자인 나를 보여주면서 모집하는 블로그의 특성을 200퍼센트 활용하면 '스토리텔링'이 쉬워질 수 있다. 이야기에 자신이 들어가면 과장된 느낌이 줄어든다. 진솔하게 이런 프로그램을 기획하게 된 이유를 스토리 형식으로 충분히 설명할 수 있어야 한다.

도널드 밀러의 《무기가 되는 스토리》에서 애플은 모든 고객이 숨을 쉬며 살아 있는 주인공이라는 사실을 이해했고, 그래서 고객의 스토리를 활용했다고 소개한다. 사람들은 단순히 물건만 사는 것이 아니라 가치와 소비하는 이미지까지 염두에 두며 구매한다는 것이다.

홍보전문가도 아닌 내가 기획부터 네이밍, 모집 글까지 회자되는 프로그램을 만들 수 있었던 것은 '스토리텔링' 때문이라고 생각한다. 사람을 모으는 글에 사람의 이야기를 담았고 신청자의 마음에 집중해서 상대의 행동을 끌어냈기 때문이다. 그리고 운영자인 내 이야기를 담아서 진솔함을 전달했다.

'나'라는 사람에게 호감을 느끼고 연결된 이웃들은 진솔한 스토리에 응답했고 이런 작은 성공의 경험들이 지속해서 프로그램을 기획, 운영할 수 있게 해주었다.

　어떤 공식보다 강력한 스토리텔링이 있는 강의 모집 글로 본격적 수익을 가져다줄 프로그램 운영자라는 N번째 명함에 도전해보자.

PART 3

나의 단점도
콘텐츠가 된다

경험이
콘텐츠가 되는 데
필요한 것

　블로그로 강의나 프로그램을 운영할 수 있다는 말을 들으면 나는 어떤 것을 할 수 있을까 생각해본다. 대부분 사람은 쉽게 떠올리지 못하지만 단번에 떠오르는 주제가 있다면 그것이 자신의 콘텐츠일 확률이 높다.

　콘텐츠란 무엇일까? 많이 들었지만 정확하게 이해하지 못했다. 블로그를 운영하면서 배운 콘텐츠, N잡러로 살게 해준 핵심이 되는 콘텐츠에 대해 알아보자.

나만의 서사적
콘텐츠를 발견하라

"저는 너무 평범해서 특별한 콘텐츠가 없어요!"

2년 전에 자신이 가진 콘텐츠에 관해서 설명해보라는 질문에 한 대답이다. 막연하게 콘텐츠는 특별하고 뛰어난 재능이 있거나 스무 살에 세계 배낭여행 정도 다녀온 사람이나 가지고 있는 것이라 여겼다. 내가 가진 평범한 경험과 생각은 가치가 있다고 생각하지 못했다.

하지만 지금 같은 질문을 받는다면 현재의 콘텐츠, 앞으로 콘텐츠로 바꾸기 위한 관심사까지 쉬지 않고 이야기할 수 있다. 이제는 피겨선수 김연아 같은 독보적인 재능만큼 내가 알고 있는 떡볶이 황금 레시피 비법도 좋은 콘텐츠가 될 수 있다고 믿기 때문이다.

블로그를 시작하던 2년 전에는 '영어를 잘하는 사람은 콘텐츠로 활용할 수 있으니 좋겠다. 영어 공부라도 꾸준히 해둘걸' 하는 식의 후회를 했다. 영어든, 운동이든, 취미든 다들 뛰어난 것 하나쯤 가지고 있는 사람들을 보면서 그들의 콘텐츠만 부러워했다.

하지만 지금은 '영어를 못하는 나'를 콘텐츠로 생각한다. 그것도 아주 좋은 콘텐츠이다. 못하는 사람이 잘하려고 노력하는 과정, 잘하게 된 스토리, 잘하려다 실패한 경험담까지 스토리로 만들 수 있는 콘텐츠의 총집합이라고 믿는다. 실제로 못하는 내가 콘텐츠가 되어서 N잡러로 살게 된 경험 때문에 콘텐츠의 정의를 다시 내리게 되었다.

글이라고는 써본 적 없던 아줌마가 어떻게 '글쓰기'라는 콘텐츠를 가지게 되었을까? 전문가가 아닌 평범한 사람이 생각을 글로 표현하기 위해서 책이나 강의를 통해 배우는 과정, 전자책이나 공모전에 도전하는 일들, 시간이 흐르면서 글이 변하고 발전하는 개인의 성장 과정을 기록했더니 그 시간은 바꿀 수 없는 스토리가 되었다.

만약에 '나는 배운 적도 없어' 하고 뒷걸음질 쳤다면 지금도 누군가의 콘텐츠나 재능만을 부러워하고 있을 것이다.

대한민국 최고의 글쓰기 실력을 갖춘 사람만 글쓰기를 장점으로 내세울 수 있는 것은 아니다. 못 쓰지만 잘 쓰고 싶은 사람도 목표에 다가가는 여정, 울림 있는 스토리를 담은 공감되는 콘텐츠를 가질 수 있다. 김영하 작가님도 잘 쓰는 법은 말할 수 있어도 못 썼던 시점부터 잘 쓰게 되기까지의 촘촘한 과정을 다시 만들어 낼 수는 없지 않은가!

'서사 정체성narrative identity'라는 심리학 용어가 있다. 이야기로 표현된 개인의 정체성을 말하는데, 어떤 사건이 중요한 이유와 자신에게 어떤 의미가 있고 어떤 영향을 끼쳤는지로 정체성을 가진다는 것이다.

내 콘텐츠는 스토리가 있다. 서사를 가졌다는 것은 다른 사람들은 따라 할 수 없는 나만의 정체성을 가진 콘텐츠가 되는 것이다. 지금의 콘텐츠가 왜 나를 대표하게 되었는지 어떤 의미와 영향을 끼쳤는지 스토리까지 가진다면 사람들의 기억에 더 오래 남는 콘텐츠가 될 것이다.

지금은 영어가 콤플렉스인 사람이 그것을 극복하는 것이 더 멋진 콘텐츠가 될 수 있다. 원래부터 관심이 많아서 잘하는 사람에게는 결과에 초점을 맞추지만, 약점을 극복하는 사람들에겐 과정에 더 큰 박수를 보낸다. 그리고 비슷한 처지의 영어를 포기한 사람에게는 마음을 울리는 동기부여가 될 수 있다.

📋 '매의 눈'으로 바라보자

눈이 밝고 예리한 사람에게 '매의 눈'이란 표현을 한다. 매는 하늘을 높이 날다가 땅에 작은 먹잇감을 알아보고 사냥할 수 있는 시력을 가졌다. 시력이 9.0 정도 되니 사람보다 4~8배 정도 더 좋아 멀리 볼 수 있다고 한다. 게다가 매는 황반이 두 개라고 한다. 황반은 망막에서 시각 세포가 밀집되어 있어 빛을 가장 선명하고 정확하게 받아들이는 부분을 말하는데, 정면을 보는 황반과 좌우를 폭넓게 보는 황반이 따로 있다고 한다.

콘텐츠를 발견하려면 정면과 좌우를 폭넓게 보는 매의 눈처럼 나의 경험과 개성을 보는 시선을 바꿔야 한다. 아무리 찾아도 개성도, 재능도 없는 것 같다면 '나는 긁지 않은 로또'라고 믿으며 불평했던 단점을 극복하는 것부터 시작해보자.

'나는 요리를 못해서 그 흔한 요리 블로그도 못해요', '몸매가 좋지 않아서 요즘 대세인 홈트 운동 유튜버도 안 되잖아'와 같은 시선으로는 절대로 콘텐츠를 발견할 수 없다. 요리를 좋아하긴 하는데 엄청나게 잘하지는 못한다면 지금의 실력에서 시작하면 된다.

평범하고 아무것도 아닌 작은 관심사도 개성이 되고 나만의 콘텐츠로 만들 수 있다. 이렇게 시작해서 나만의 콘텐츠로 바라보기 시작하면 더 큰 관심이 생기고 실력이 점점 늘어갈 것이다. 그리고 많은 기회로 연결되기도 한다. 그렇게 주력 콘텐츠가 되는 것이다.

다음은 사람들이 많이 하는 고민에서 콘텐츠 발견하는 과정이다.

> 보통 실력의 요리 솜씨이지만 음식하는 것을 좋아한다. 하지만 콘텐츠라고 할만큼 거창한 것도 없고 잘하는 사람이 넘치는데 엄두가 안 난다.

○ 서사적으로 콘텐츠 보기

평범한 실력의 요리 솜씨이지만 레시피를 연구하고 관심을 가지면서 '홈쿠킹 레시피'를 지속해서 만들어내고 기록했다. 많은 팬이 생겨서 쿠킹 스튜디오까지 열게 된다.

⇨ 저 사람에게 배운다면 보통 실력인 나도 언젠가는 잘할 수 있겠지 하는 희망을 줄 수 있는 서사적 〈before〉를 가진 요리 연구가가 된다.

○ 매의 눈으로 콘텐츠 시야 넓히기

음식 맛이 아주 뛰어나거나 특별한 레시피를 가져야 한다는 건 좁은 시야다. '자격증도 없는데', '예쁘게 사진도 못 찍는데'와 같은 시선 말고 매의 눈으로 이쪽저쪽에서 다양한 시야로 바라보자.

🄯 **남들보다 간단하게 빨리 할 수 있다.**

⇨ *15분 요리 레시피*

🄯 **특별한 요리는 못하고 제철 음식을 중요하게 생각해서 잘 챙겨 먹는다.**

⇨ *제철 식재료 손질하는 법, 반찬 종류에 관한 소개만 한다.*

🄯 **요리는 모양내거나 예쁘게 못하지만, 시즌마다 만드는 매실청, 장아찌, 장류에는 관심이 많다.**

⇨ *베란다 장독대 만들기(도시, 아파트에서 만들 방법을 소개한다.)*

발견한 콘텐츠를
내가 아닌 남들도 알게 하라

한참 블로그에 정신없이 빠져 있을 때 육아 관련 이야기를 많이 썼다. 아이가 어리기도 했고 생활 대부분이 아이를 돌보는 것이다 보니 머릿속에는 육아 지분이 높을 수밖에 없었다. 네이버 〈부모i〉 판에는 매달 '육아 노하우, 꿀팁'을 신청받아서 메인 화면에서 소개해주는 제도가 있었는데, 네이버 메인 노출이라는 파격적인 혜택이라서 블로거라면 누구나 선정되길 꿈꾼다.

시작한 지 3개월 차 되는 초보 블로거인 내가 몇 번을 연속해서 뽑힌 적이 있었다. 남들은 작심하고 써도 뽑히기 어려운데 연속해서 추천되거나 뽑혔던 것은 글을 잘 써서만은 아니다. 아마도 진짜 이유는, 그때가 육아 내공이 집약되었던 블로그 초기였기 때문이다.

블로그 시작 전 몇 년간 다른 일은 신경도 못 쓸 만큼 엄마라는 역할에만 몰입해서 살았으니 그 시간 동안 '육아'라는 콘텐츠가 내 안에 쌓였을 것이다. 엄마들이 어떤 것을 궁금해하는지, 무엇이 어려운지를 아는 경험이 나도 모르는 사이, '육아 경험과 노하우'라는 내 안의 콘텐츠로 만들어졌다. 흉내 낼 수 없는 나만의 진정성 있는 경험을 블로그에 썼을 뿐이다.

유난히 열감기가 잦아서 해열, 저체온 정보를 찾아 모았던 것,

모기 과민반응 때문에 고생하는 아이를 위해서 엄마가 해줄 수 있는 민간요법의 경험들은 힘들기만 한 고생담인 줄 알았다. 하지만 아이의 모기 과민반응 같은 지극히 개인적인 이야기도 블로그에 쓰고 보니 누군가는 애타게 궁금해하는 경험과 노하우가 되었다.

만약에 주 관심사가 아이와 관련한 것이라면 '남들과 비슷하게 키우는 육아 경험이 무슨 나의 콘텐츠가 되겠어'라고 생각하지 말자. 앞서 말한 것처럼 비슷한 것은 있어도 똑같은 것은 있을 수 없다.

그렇다고 아무나 육아 경험으로 콘텐츠를 만드는 것도 아니다. 결심한다고 저절로 콘텐츠가 되는 것은 더더욱 아니다. 경험을 콘텐츠로 만드는 열쇠가 필요하다.

오늘부터 육아를 나의 핵심 정체성으로 삼겠다고 마음만 먹는다고 콘텐츠가 되어주지 않는다. 그렇다고 모든 경험이 콘텐츠가 될 수 있는 것도 아니다. 경험을 꺼내서 보여주고 알려야 콘텐츠로 발전할 수 있다. 꺼내서 기록하는 과정이 내 경험을 더 가치 있게 만들어주는 열쇠인 것이다.

육아 콘텐츠라고 하면 아이를 다 키운 후 콘텐츠로 만들면 될 것으로 생각하기도 한다. 하지만 무언가를 많이 알고 있는 시기는 그것에 관심이 가장 높을 때다. 내 머릿속 지분이 클 때가 바로 적기가 된다. 육아 전문가, 상담가가 아니라 지금 당장 육아 경험과 정보를 콘텐츠로 삼는 것이다. 아이와 나들이 갈 곳을 적고, 무슨 이유식을 먹일지 고민하는 것, 그 모든 것이 육아 콘텐츠가 된다.

육아뿐 아니라 취미생활 역시 똑같다. 유난히 디지털 기기에 관심이 많고 제품별 사양을 비교해서 살펴보는 게 즐거운 사람이라면 관련 정보, 사양들을 기록으로 잘 쌓아두는 과정이 다음에 전문 IT 평론가가 될 수 있는 밑거름을 만든다.

아직도 콘텐츠가 어렵게만 느껴진다면 나의 관심사나 경험을 재조명하자. 흐릿해 보이는 것이라도 블로그에 기록하다 보면 시간이 흐르면서 선명하게 느껴질 것이다. 내 안에 있을 때는 나에게만 유효한 경험이 되지만, 발견과 기록이란 과정을 거치면 다수에게 통하는 가치를 가진 콘텐츠로 만들어 줄 것이다.

지금은
꿀팁의 시대

◇

　불과 20년 전만 해도 사람들은 목적지에 가는 길을 찾으려면 지도나 기억력에 의존했다. 지금은 아무도 지도나 기억력에 의존하지 않는다. 내비게이션을 켜거나 휴대전화의 앱을 연다. 도구나 방법만 변한 것이 아니라 원하는 것도 달라졌다. 이전에는 '가는 길'만 원했다면 이제는 '최대한 빠른 길', '가장 적은 비용으로 지나가는 길' 등으로 세분된다.

　방법에 효율적인 목적이 더해졌다. 단순노동을 기계화로 대체시키는 것처럼 반복되는 일에 효율성을 요구하고 사람들이 더는 수고로움을 감수하지 않게 된 것이다.

저녁 외식 메뉴를 정할 때조차 누군가 검증한 맛집에서 시간을 보내고 싶어 한다. 나의 경험과 시간의 소비를 소중하게 생각하게 되었다. '방법'을 찾던 시대에서 '꿀팁'을 원하는 시대로 바뀐 것이다.

개그우먼 이영자가 만들었다는 '애정하는 맛집 리스트'가 유행한 적이 있다. 공인된 자격을 가진 요리사나 음식평론가는 아니지만, 사람들은 음식을 사랑하고 좋아하는 그녀의 평점에 환호했다. 리스트에 오른 식당들이 엄청나게 회자된 것을 보면 말이다. 개인의 경험이 곧 정보와 영향력이 되는 시대에 살고 있다.

가치 있는 경험을 기꺼이 구매하는 시대란 말도 된다. 누군가의 맛집 리스트도 정보가 되는데 우리의 경험이 콘텐츠가 되지 못할 이유가 없다. 심지어 누군가는 간절히 원하는 정보일지도 모르기 때문이다.

'카카오 브런치'의 작가 합격이라는 경험과 브런치 글 유형을 분석한 자료로 시작한 강의는 누군가에겐 생소하지만 '카카오 브런치'란 곳에서 작가로 합격하고 싶은 사람에게는 돈을 주고도 기꺼이 알고 싶은 경험인 것이다. 합격 노하우란 경험이 나의 콘텐츠가 되어준 것이다.

합격 강의를 시작하고 3개월 만에 100명이 넘는 사람을 만났다. 간절히 합격하기를 소망하는 그들에게 합격을 다른 시선에서 풀어둔 나의 경험은 어디에서도 찾을 수 없는 정보였다.

하지만 본업이 있는 워킹맘이다 보니 더 많은 강의를 열기 어려운 한계에 부딪혔다. 그래서 2019년부터 관심을 가지던 PDF 전자책이 떠올랐다. 만약에 첫 책을 쓴다면 본업의 경험을 다룬 책을 써야겠다는 마음을 먹고 있었는데, 내가 가진 콘텐츠를 제공하기 위해 다른 각도로 눈을 뜬 것이다.

PDF 전자책은 재능마켓에서 보통 집약된 노하우를 전자문서로 전달하는 형태를 말한다. 여러 신문이나 방송, 유튜브에서 '긱 이코노미', '크몽', '재능마켓', 'PDF 전자책'에 대해 여러 번 다룬 적이 있다. 처음 듣는 사람들도 있겠지만, 2012년부터 이런 플랫폼이 생겨났고 앞으로 더 커질 분야이다.

젊은 층을 중심으로 퍼지던 재능거래 형태는 팬데믹으로 인한 재택근무가 겹치면서 폭발적으로 성장했다. 전자책은 책이란 이름이 붙었지만 집약된 경험을 정리해둔 파일이다. 일반 책의 1/4~1/5 분량이고 다양한 실용적 경험을 바탕으로 만들 수 있다. 또한 패시브 인컴을 실현할 수 있는 가장 쉬운 수단이다. 유튜버 'N잡 하는 허대리'가 PDF 전자책으로 월 수천만 원 부수입을 올린 것을 공개하면서 뜨거워지기도 했다.

이제 전자책, e-book 시장은 피할 수 없는 시대의 흐름이 되었다. 또한 사람들은 개인화되고 이웃 간의 약한 연대로 얻을 수 없는 정보와 간접 경험을 인터넷 검색을 통해서 해결하기도 한다. 앞으로 전문 지식뿐만 아니라 경험과 노하우의 거래는 더욱 활발해질 것이다.

대표적인 재능거래 사이트

재능거래 사이트인 크몽, 솜씨당, 탈잉, 숨고 등이 재능을 거래하거나 전자책을 거래하는 대표적인 플랫폼이다.

· 크몽　http://kmong.com

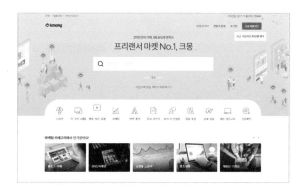

· 솜씨당　http://www.sssd.co.kr

· 탈잉   http://taling.me

· 숨고   http://soomgo.com

'그건 어떻게 하는 거야?'로
시작된다

◇

주제 파악, 자기 파악은 사람들이 가장 힘들어하는 말이다. 그렇다면 내가 가진 경험이 노하우인지는 어떻게 알 수 있을까? 힌트는 이 질문에 있다.

"그건 어떻게 하는 거야?"

공통된 분야나 내용에 대한 질문이 있다면 사람들이 인정하는 노하우일 확률이 높다.

남보다 물건을 싸게 사는 방법일 수도 있고, 교육 정보를 빠르게 습득해서 웬만한 학원 커리큘럼은 훤히 꿰고 있는 사람도 있다. 그 일을 해결하고 싶을 때 '저 사람이라면 어떻게 할까?'하며 한

번쯤 궁금해하는 사람이라는 말이다.

이제 시대가 요구하는 정통한 전문가는 학위나 경력만 필요한 것이 아니다. 어떤 주제에 대한 지속적 관심과 딱 한 발자국 앞선 경험이면 충분하다.

《회사 말고 내 콘텐츠》에서 곤도 마리에는 정리를 잘하는 노하우를 자신의 콘텐츠로 발전시키고 인정을 받았다고 소개한다.

미니멀리스트로 유명한 곤도 마리에는 '곤마리 컨설턴트 과정'을 만들어 본인 말고도 다른 사람들을 공인된 컨설턴트로 만들고 있다. '정리'라는 공인될 수 없는 영역에서 전문가가 되었고, 이제는 남들을 공인해주는 역할을 하는 것이다.

정답이 없는 영역은 점점 넓어지고 있다. 다시 말하면 콘텐츠가 이바지할 수 있는 영역이 점점 많아지고 있다는 것이다. 그리고 세상에는 점점 더 많은 콘텐츠가 쏟아지기 시작했다.

사람들이 궁금해하는 노하우는 다이어트 하는 방법부터 공무원 합격하는 법까지 아주 개인적이고 폭넓기 때문이다.

음식을 덜 먹고 많이 움직여서 칼로리를 소비하면 다이어트에 성공할 수 있다. 평소에 예습, 복습만 잘하면 좋은 성적을 받을 수 있는 것처럼 기본 원리는 모두 아는 것이다. 체중 감량에 새로운 방법이라는 것은 있을 수 없지만, 사람들은 조금 더 쉽고 효율적인 방법을 원한다. 그런 심리가 새로운 다이어트 방법, 새로운 제품을 만들어낸다.

조금 더 간단히 정리한 것을 알고 싶고 중요한 부분만 알고 싶어 하는 것은 대부분이 원하는 것이다. 산업과 제도가 시간과 에너지의 낭비를 개선하는 방향이 되는 것처럼 모든 방법에서 효율적인 방법만이 살아남는다.

노하우 브레인스토밍

노하우가 무엇인지 감이 오지 않는다면 내가 가진 노하우를 정리하고 분류해보자.

깊게 생각하지 말고 가볍게 떠올리면서 노하우를 적어본다. 아주 작고 사소한 것도 좋으니 펜을 준비해서 바로 칸을 채운다. A4 종이에 다음 표처럼 크게 세 부분으로 나누고 분류에 해당하는 노하우를 적는다. 떠오르는 것을 편하게 적는 단계이니 최대한 많이 적는 것을 목표로 한다.

생활 노하우	정보 노하우	전문 노하우

생활 노하우에는 나의 생활 속에서 누군가에게 알려줬던 것을 모두 적어보자.

정보 노하우에서는 요즘 관심을 두거나 배우고 있거나 일정 수준까지 이뤄낸 것을 적는다. (마스터의 수준까지 배운 것만 말하는 것이 아니다)

전문 노하우는 현재 직업이나 과거에 가졌던 직업을 통해 알게 된 전문적인 정보와 경험 속에서 떠올려본다.

생활 노하우	정보 노하우	전문 노하우
· 이사 견적 싸게 받기	· 아이패드 드로잉 하기	· 전문직 합격한 자소서
· 1톤 트럭으로 자취방 이사하기	· 1인 출판하기	· 절세 노하우
· 일주일에 5만 원 식비 쓰기	· 스마트 스토어 운영하기	· 실무에서 많이 쓰는 엑셀 양식
· 굶지 않고 다이어트 성공하기	· 해외 구매 대행 쉽게 하기	· 보험전문가의 보험증권 분석
· 해외 항공권 싸게 사기	· 블로그 글 빨리 쓰기	· 약사가 알려주는 영양제 먹기
· 휴대전화 반값에 구매하기	· 공인중개사 6개월 만에 합격	· 의사가 알려주는 환자가 궁금
· 휴대전화 요금 줄이기	하기	해하는 질문들
· 다림질 잘하기	· 인스타 팔로워 늘리기	· 디자인 로고 전문가처럼 만들기
	· 브런치 작가 합격하기	· 영양사가 알려주는 영양 식단
		· 물리치료사가 알려주는 허리디
		스크 예방법
		· 업(業)과 관련된 것

노하우의 분류

앞서 써둔 노하우를 분류하는 단계이다. 세 가지로 구분해서 브레인스토밍한 노하우 중에 어떤 것을 선택할지 정하는 과정이다.

노하우를 콘텐츠로 만들려는 목적을 정하고, 정할 수 있는 가상의 깔때기가 앞에 있다. 이것을 '목적의 퍼널'이라고 부르기로 하고, 내가 써둔 노하우가 어디를 통과할 수 있는지 다시 분류해보자.

수익화

· **빨간색 수익 퍼널**
여기를 통과하려면 돈, 교육, 업무 효율 등과 관련성이 있어야 한다.

· **돈** | 부업, 재테크, 투잡, 마케팅, 비즈니스 노하우 등
· **교육** | 자녀 교육 정보, 공무원 시험 합격, 자격증 합격 노하우 등
· **업무 효율** | 엑셀, 템플릿, 영업 노하우 등

브랜딩

· **초록색 브랜딩 퍼널**
브랜딩이 되는 나를 위한 노하우들의 모음이며, 나의 대표되는 콘텐츠와 모습에 해당한다. 내가 사람들에게 주고 싶은 이미지에 가깝다. 과거, 현재, 미래까지 내가 관심 있는 일과 관련한 노하우가 여기를 통과한다.

· **과거** | 내가 쌓아놓은 일, 경험했던 일(과거 직업, 특별한 이력, 해외 체류 경험 등)
· **현재** | 지금 내가 하는 일과 연관된 일 등
· **미래** | 배우고 있거나 나아갈 목표와 관련한 일

목적 퍼널

빨간색 수익 퍼널은 내가 아는 것 중 많은 사람이 찾는 것, 팔릴 만한 노하우라는 것이다. 주로 사람들이 나에게 원하는 것을 말한다.

초록색 브랜딩 퍼널에는 내가 가진 노하우를 분야에 맞게 나열해보고 목적에 맞게 고르는 과정을 거쳐보자. 이 과정을 통해서 나의 노하우를 정리해보고 내가 원하는 것인지, 남이 원하는 것인지도 구분해볼 수 있다.

실제 이 과정은 직접 운영하는 프로그램에서 PDF 전자책을 쓸 때 알려주는 방법이다. 실용적이고 집약된 내용의 PDF 전자책을 쓰기 전 자신의 콘텐츠를 꼭 점검해보라고 권한다.

뭐든지 목적 있는 행동이 강력한 동기 유발을 하게 된다. 어떤 목적으로 경험을 정리할 것인지 정하고 나면 책을 쓰거나 콘텐츠를 모을 때도 기준점으로 삼을 수 있다.

나의 목적이 수익이 먼저라면 많이 팔릴 만한 노하우를 선택하고, 내 이력에 도움 될 만한 전자책 작성이 목적이면 많이 팔리진 않지만 향후 나의 성장에 도움 되는 방향을 선택하라고 한다.

추가로 이런 노하우를 전자책으로 작성할 때 반드시 고려해야 할 사항도 있다. '내가 잘 쓸 수 있는 주제인가?'를 확인해야 한다. 단순히 노하우뿐만 아니라 누군가에게 입체적인 정보를 주는 책이라면 내가 아는 것과 배경 정보 등 여러 사항을 확인해야 할 것이다.

자신의 콘텐츠를 정할 때도 적용되는 다음 질문을 하면서 자신 있는 노하우를 찾아보자.

· 정보는 수집하기 용이한가?

· 시간을 들여서 공부할 만큼 애정이 있는 주제인가?

· 평소에 자신이 있었던 분야인가?

초보의 힘
경험

◇

처음으로 덧셈과 뺄셈하는 아이는 손가락을 사용한다. 손가락을 접어가면서도 잘 이해가 되지 않아서 고개를 갸웃거리는 걸 보면 2 더하기 3이 왜 5인지를 어떻게 설명해야 할지 난감하기도 하다. 지금의 엄마는 2 더하기 3이 5인 것을 모르는 때로 돌아갈 수 없기에 답답하기만 하다.

닭볶음탕을 하려고 엄마에게 요리법을 물어봤다가 인터넷의 정보가 낫겠다고 생각한 적이 있다. 분명 인터넷에 떠도는 정보보다 엄마의 요리가 맛있지만, 엄마의 설명만으로는 도저히 만들 수 없었다. 적당히 고춧가루, 간장, 설탕, 다진 마늘을 넣어서 양념을 끓

이면서 간이 배이게 하면 된다는 설명에서 표현되지 않는 틈들이 있기 때문이다. 이 설명의 사이에는 처음 요리를 해본 사람과 수십 년 해본 사람의 큰 간극이 있다.

처음 해보는 사람에게 '적당한' 분량이란 모호한 설명이다. 어떻게 손질해서 재료를 준비하는지 넣는 순서와 불의 세기처럼 사소한 것까지 생소하기 때문이다.

'지식의 저주the curse of knowledge'란 말을 들어 본 적 있는가? 다른 사람의 행동이나 반응을 예상할 때, 자기가 알고 있는 지식을 다른 사람도 알 것이라는 고정관념에 매몰되어 나타나는 인식의 왜곡을 말한다.

미국 스탠퍼드대 경영대학원의 칩 히스 교수가 의사소통 문제를 설명하며 자주 언급한 개념으로, 본래 의미는 사람이 무엇을 잘 알게 되면 그것을 모르는 상태가 어떤 것인지 상상하기 어렵게 된다는 뜻이다.

바꿔 말하면 전문가들은 자신의 수준에 기대어 일반인들 수준을 예단하게 되고, 그 때문에 전문가들이 나름대로 쉽게 설명한다는 내용도 일반인들은 이해하기 어려워지며 의사소통 문제가 발생한다는 것이다. 히스는 정보를 가진 사람과 그렇지 못한 사람이 의사소통에 실패하는 이유가 '지식의 저주'에 있다고 봤다.

몰랐다가 아는 것은 가능해도 아는 것에서 모르는 것으로 돌아갈 수는 없다. 너무 익숙한 숙련자는 초보자가 어느 부분부터 어려운지 쉽게 망각한다는 것이다. 이런 시각은 콘텐츠를 만드는 데 가장 중요한 점이다. 처음 부동산 등기를 마친 경험, 정부 지원사업에서 통과한 기획서를 써낸 경험도 모두 콘텐츠가 된다.

첫 번째 빈칸부터 이해가 안 되는 상태라며 빈칸을 채워가면서 어디가 이해되지 않았는지를 기억하고 있는 사람이 훨씬 쉽게 가르칠 수 있다. 이제 막 배우기 시작했다면 어느 부분에서 막히는지, 어려워하는지 기억하고 있기에 묻지 않아도 사소한 부분까지 더 잘 가르쳐줄 수 있다.

대학 4학년에게 가장 유용한 정보는 한 해 앞 취업에 성공한 최근 정보이다. 결국 초보가 왕초보에게 지식을 전하는 시대이다. 최근에 초보 딱지를 뗀 경험자를 '초보', 이제 막 배우려고 하는 사람은 '왕초보'라고 부른다면 왕초보의 언어는 초보가 가장 잘 이해하는 것이다.

다이어트에 성공한 경험이 있다면 다이어트의 경험이 어떻게 나만의 콘텐츠가 될 수 있을까를 고민해보자. 바로 다이어트를 시작하는 사람들을 위한 문제를 해결해주면 된다.

어떤 것을 검색하고 찾아보고 선택하는지에 대한 정보를 주면 어느새 관련된 콘텐츠를 제공하는 사람이 되어 있을 것이다.

내가 운영하는 'PDF 전자책 만들기' 프로그램에서 코칭했던 사례이다. 콘텐츠를 막막해하는 그분은 가지고 있는 노하우가 없다고 했다. 어엿한 전문 직업도 있고 해외 체류 경험도 있지만, 도움이 된다고는 생각하지 못하는 눈치였다. 최근에 열심히 하는 것을 물으니 다이어트에 성공해서 자신감을 얻고 운동에 빠져 지내고 있다고 했다. 그녀와의 대화를 통해 스토리를 듣고 질문을 해나갔다.

> Q 어떤 것을 먹고 어떤 운동을 했나요?
> A 다이어트 보조제를 먹어보고 홈트레이닝 위주의 운동을 했어요.

다이어트 보조제는 지방 합성을 저지해주는 원리의 보조제를 먹었고, 몸에 이상증세가 있어서 복용을 중단했다고 했다. 보조제를 선택한 이유와 먹어 본 후의 경험, 홈트레이닝 하는 방법, 애청하는 유튜버 영상별 추천 영상 목록과 간헐적 단식 방법을 시도했다는 이야기까지 들을 수 있었다. 사소해 보이는 모든 것들이 멋지게 콘텐츠와 정보가 된다.

간헐적 단식을 어떻게 알려줘야 할지 막막하다면 그 키워드로 정보를 수집해보면 된다.

포털 사이트에서 검색어를 검색하면 연관 검색어를 함께 보여준다.

　포털 사이트에 '간헐적 단식'이라는 키워드를 검색한다. 함께
보여주는 연관 검색어에서 힌트를 얻어보자. 사람들이 방법을 궁
금해하는지, 부작용을 알고 싶은지, 물은 마셔도 되는지 사소하지
만 세세한 부분을 궁금해한다는 것을 알 수 있다. 연관 검색어는
실제 사람들이 알고 싶은 부분이란 것을 잊지 말고 어디든 적용할
수 있다.

　이렇게 초보자가 다이어트를 시작하면서 궁금해할 사소한 선택
부터 겪게 되는 부작용, 배고픔 같은 어려움, 지루해질 때 극복하
는 방법까지 자세히 알고 있다면 어떤 다이어트 전문가보다 살아
있는 정보를 전해줄 수 있는 사람이 된다.

　지금 글씨를 못 쓴다면, 글씨를 잘 쓰게 되는 방법과 노력이 콘
텐츠가 될 수 있다. 영어를 포기한 영포자라면, 40대 영어 공부 유

튜버 '열심히 길리안'님처럼 공부를 통해 영어 실력을 키워가는 여정 그 자체가 콘텐츠가 되는 것이다.

우리가 착각하는 것은 이미 잘하고 있는 것, 전문적인 과정을 수료해야만 누군가를 가르치고 나눠줄 만한 대단한 콘텐츠라고 생각한다는 점이다.

하지만 사람들이 진짜 원하는 것은 다르다. 검색만 해도 손쉽게 나오는 사전적 정의와 정보가 넘치는 세상이다. 그런 것은 이제 정보로 느끼지 않는다. 누구나 아는 정보보다 구체적이고 상세해야 한다. 예전 같으면 가족, 친구, 지인에게 묻던 것을 이제 온라인에 검색하는 시대이기 때문이다. 내가 겪는 어려움, 풀어야 할 문제의 도움을 주변이 아닌 온라인에서 해결한다.

그래서 개인적 경험담, 문제를 해결할 비슷한 경험을 찾는다. 경험에 근거한 노하우, 꿀팁을 원하는 것이다. 공영방송에 나오는 연예인보다 개인방송인 유튜버가 10대들에게 더 유명한 것을 유연하게 받아들여야 한다. 개인의 영향력이 커지는 현상은 경험자의 정보와 이야기를 더 신뢰하는 것이라 볼 수 있다.

만약 여러분이 어떤 주제에 빠져 그 분야를 배우는 중이라면 전문가가 되기 전의 성장 스토리까지 가지게 되는 것이다. 사람들은 모르는 것을 알아가고 노력하고 궁극에는 전문가가 되는 과정을 함께 공유하는 사람에게 깊은 공감을 느낀다.

온라인 세계에서는 10,000명 팔로워보다 오래 소통한 100명의 진짜 팬이 더 큰 힘을 발휘한다. 그들은 성장 과정을 함께 응원하고 응원받은 진정성을 나눈 사이이기 때문이다.

지금 여러분이 초보자이고 누군가에게 나눠줄 만한 콘텐츠가 없다고 고민한다면 오히려 축복이다. 모른다는 사실이 엄청난 콘텐츠로 발전할 잠재력을 가진 것이기 때문이다.

단점을
재배치하면
강점이 된다

◇

언젠가부터 오디션 프로그램이 성황리에 방영되었고, 지금도 그 인기를 이어가고 있다. 어느새 모든 국민이 프로듀서가 되었다. 아이도 할아버지도 가수의 노래 기량을 평가하는 것쯤은 식은 죽 먹기다. 그런데 심사위원들의 심사평을 듣고 있자면 같은 참가자의 노래를 두고도 정반대의 평을 내놓는 것을 심심치 않게 볼 수 있다.

얼마 전 방영한 오디션 프로그램에서 한 명의 출연자에 대한 심사평이 기억에 남는다. '이상한데 좋다' 그 출연자에 대한 심사평인데, 규정되지 않은 새로운 형식의 음악을 보고 어떻게 평가해야 할지 어려워하는 기색이 역력했다. 낯섦과 신선함의 차이, 이상한 것과 개성의 차이는 받아들이는 사람의 차이일지도 모른다.

세련된 창법과 무대 매너가 식상하단 평가를 받기도 하고 다듬어지지 않는 목소리가 되레 원석이 될 재능이 되기도 한다. 어떤 시선으로 보는가에 따라서 단점이 장점이 되는 것이다.

자기소개를 하라고 하면 대부분 이름과 나이, 사는 곳과 가족관계를 약속한 공식처럼 말할 것이다. 좀 더 소개해보라고 하면 장단점을 언급할지도 모르겠다. 입사지원서 속의 장단점은 이미 단골 질문이다.

그렇다면 장단점의 기준은 무엇일까? 장점은 좋거나 잘하거나 긍정적인 점이고, 단점은 잘못되고 모자라다고 여기는 점이다. 잘못되고 모자란 점이란 사전적 해석을 가져오지 않더라도 스스로 느끼기에 부족하거나 마음에 들지 않는 부분을 꼽는다.

그런데 성향과 성격 같은 특징에서 나쁘고 모자란 점이 있을까? 키나 몸무게처럼 수치로 나타낼 수 있는 것도 아니다. 어떤 기준을 적용할지 명확하지 않다. 자신의 특성을 어떤 시각으로 보느냐에 따라서 장점도, 단점도 될 수 있다.

게으르다, 느리다, 더디다, 느긋하다, 여유 있다, 신중하다는 모두 비슷한 성향을 다르게 나타내는 말이다. 영민하다. 민첩하다, 성급하다, 조급하다, 서두르다 역시 마찬가지다. 같은 행동이나 성향을 두고 긍정의 언어로 표현하는가 부정의 언어로 표현하는가의 차이만 있을 뿐 비슷하다. 평가가 달라지는 것은 보는 사람이 다르기 때문이다. 같은 특성이라도 단점에서 보는지, 장점에서 보는지의 기준에 따라 달라진다.

게으른 성격과 느긋한 성격의 차이, 빠른 일 처리와 성급한 일 처리, 내향성, 외향성과 같은 성향은 어느 기준점에서 그 특성을 보느냐에 따라서 달라지는 표현이다.

이제까지 나의 단점이라고 생각했던 것, 고치고 싶다고 생각한 것이 있다면 그것을 다르게 보기 시작하자. 100명이 만들어낸 100개의 콘텐츠는 비슷한 주제라도 각기 다른 색을 가진다. 비록 비슷한 것을 배웠다고 하더라도 다른 개인의 성향과 만나 발현되면 결과가 달라진다. 작은 경험을 다른 결과로 만드는 차이는 나의 성향과 성격을 어떻게 쓰느냐에 달렸다.

성급한 성격이 재빠른 영민함으로 느껴지도록, 느리지만 꼼꼼한 성향이 단순한 일을 성실하게 해내는 능력이 되도록 단점을 재배치하자. 나의 단점, 고치고 싶은 점을 바꾸려 하지 말고 단점이 장점으로 불릴 잘 어울리는 곳을 찾아주면 된다. 그러면 단점도 빛을 발하는 강점이 된다.

나는 '넌 뭐 그런 거에 다 신경을 쓰니, 너무 마음에 담아두지 마'란 이야기를 듣는 소심한 성격을 가졌다. 살아오면서 줄곧 고쳐야 할 성격이라고 믿었다. 또 사람에 관한 기억력이 좋고 감정이입을 잘했다. 그런 성향은 상대의 입장을 지나치게 살피는 소심한 성격을 더 굳어지게 했다. 대범하게 살아봤으면 하는 마음으로 40년을 바랐지만 쉽게 고쳐지지 않았다.

그런 나의 성향이 온라인과 만나자 빛나기 시작한다. 상대의 글에 감정이입을 하고 남긴 진정성 있는 댓글로, 소통하는 사람이라는 강점으로 재정의되었다. 그 강점이 진하게 소통하는 온라인 인연을 만드는 데 큰 역할을 했다.

또한 현재 운영하는 'PDF 전자책 만들기' 프로그램에서 수강생과 '콘텐츠 회의'를 할 때 빛을 발했다. 개인이 가진 콘텐츠로 전자책을 만들기 전에 적당한 방향과 컨셉을 논의하는데, 상대방이 말하지 않는 세심한 부분과 그 사람이 겪을 어려움, 해결한 문제점을 먼저 이해하고 방향을 제시하곤 했다. 그 덕분에 수강생으로부터 감동받았다는 이야기까지 들었다.

소심해서 분란을 만들기 싫어했던 성격은 '역지사지'를 잘하는 성향이 되었다. 그 덕에 상대방의 마음을 잘 헤아리는 리더가 된 것이다.

사람들에게 관심이 많아 얼굴과 이름을 잘 기억하는 것도, 한번 들은 이야기, 처한 상황까지 복합적으로 내 머릿속에 저장되어 상대방의 입장으로 온전히 몰입하게 해주었다. 사소한 것까지 기

선하게 활용한 자신의 영향력

위니 할로우는 자신의 단점을 장점이자 개성으로 만들었다.
출처 : 매거진 〈MODU〉

억하고 마음을 쓰는 소심함은 콘텐츠를 기획하고 상담하는 최고의 영업 비결이 되었다. '소심하다'와 '세심하다'는 단점이 될 수도 장점이 될 수도 있다. 다만 둘의 차이가 어느 상황에서 발휘되는가에 따라 달라진다.

'위니 할로우'라는 모델이 있다. 그녀는 선천적으로 멜라닌 색소 파괴로 여러 형태와 크기의 흰색 반점이 피부에 나타나는 '백반증'이라는 질환을 앓고 있다. 학창시절 놀림 때문에 자퇴하고 자살을 생각할 정도로 자신이 가진 질환에 힘들어했던 그녀가 우연한 계기로 모델계에 데뷔하자 사람들은 남과 다른 그녀의 피부에 찬사를 보냈다. 평생을 괴롭히던 백반증이 어느 모델도 가지지 못한 그녀만의 개성이 되었다.

단점이, 부족하다고 생각하는 점이 '하지 못하는 이유'가 되어서는 안 된다는 것이다. 부족한 점을 다르게 바라보며 장점을 넘어 강점으로 만들자. 생각처럼 어렵지 않다. 그저 여러분의 단점을 정확히 파악해서 강점이 될 수 있는 제자리를 찾아주면 된다.

고치고 싶었던 성격, 다른 방향으로 나아갈 때 제약이 될 것 같았던 경력, 잘 모르는 분야를 공부하면서 개선해나가는 것들을 스스로 못하는 것이라고 묶어두면 단점으로만 끝나고 만다. 하지만 단점을 잘 발휘될 수 있는 곳에 노력과 함께 매치하면 전에 없던 시너지로 충분히 새로운 기회를 잡을 수 있을 것이다.

아이들만 가르친 경력으로
성인 강좌가 가능할까?

IT전문가 스마일정쌤

http://youtube.com/c/스마일정쌤

　　IT전문가 '스마일정쌤'은 전직 프로그래머 출신으로 13년 차 방과 후 수업 컴퓨터 선생님이다. 오프라인에서는 최고의 선생님이지만 온라인에서 성인을 대상으로 한 강좌를 열기까지는 긴 고민의 시간이 있었다. 아이들을 대상으로 하는 자격증 강의가 아닌 성인을 대상으로 강의를 했을 때 과연 만족시킬 수 있을지가 망설여졌다.

성인에게는 아이들과는 다른 교수법과 수업 호흡을 가져야 할 것 같았다. 그래서 고심 끝에 섬네일과 이미지를 PPT와 디지털 툴을 이용해 만드는 방법인 '바로 배워 바로 쓰는 PPT(바피)' 강의를 열었다.

결과는 대성공이었다. 한국 생산성 본부, 단희TV 등에서 러브콜을 보내오는 인기 강의로 자리 잡았다. 아이들만 가르쳐 본 경험이 성인 대상 강의에서 단점으로 작용할 줄 알았는데, 오히려 시각적인 부분을 만족시킬 뿐만 아니라 누구나 알기 쉽게 설명한다는 엄청난 강점으로 작용했다.

코로나로 오프라인의 경력이 멈추게 되자 각 분야의 전문가들이 뒤늦게 온라인과 '디지털 리터러쉬'의 중요성을 깨닫고 스마일정쌤에게 배우기 시작한 것이다. 자신의 분야에서 높은 명성이나 오랜 경력을 쌓았지만, 기본적인 컴퓨터 사용이 미숙한 사람들도 실제로 많다. 자격증 과정이 아닌 실제 모르는 것을 바로 쓸 수 있게 알려주는 강의를 시장성 있게 내놓기도 했지만, 더 큰 강점은 교수법에 있었다. 어린이들을 가르쳐본 정쌤은 아주 기본적인 것부터 천천히 두 번이고 세 번이고 쉽게 알려주었다.

아무리 유튜브를 봐도 좀처럼 따라 하기도 힘들어 포기하던 것을 부끄럽지 않게 물어볼 수 있는 환경을 만들고 친절히 알려주는 그녀의 수업은, 들어본 사람이 추천하고 재수강 비율이 높은 수업으로 입소문이 났다. 코로나로 많은 방과 후 강사들이 어쩔 수 없는 긴 휴가 기간을 보냈을 때도, 온라인과 오프라인에서 4~50대와 여러 기관에 디지털 활용 능력을 알려주는 강사로 종횡무진 활동하게 되었다.

건강한 성을
양지로 드러내다

건강한 부부관계를 전도하는 마음약사 꿈로드

http://www.youtube.com/c/마음약사

　'마음약사 꿈로드'는 건강한 부부관계를 이야기하는 영상으로 100만 뷰를 기록하고 2.4만 명의 구독자를 보유한 유튜버이다.

평생을 함께 사랑하고 대화하는 동반자로의 부부, 진짜 행복한 가정을 늘 꿈꿔온 그녀는 상대를 바꾸기보다는 맞춰가는 부부관계를 만들고 싶었다.

과거에는 부부보다 아이 중심인 보통 가정의 모습이었다. 둘째를 출산하다 생사를 가르는 위험한 고비를 겪게 되고 가정의 중심을 아이에서 부부로 다시 보게 되었다. 부부관계의 부재를 극복하면서 연애하듯 사랑하는 부부가 되기까지의 노력을 공개했다.

선정적이고 자극적인 정보만 있는 유튜브에 건강한 부부의 성 이야기는 거의 전무했기 때문에 엄청난 호응을 얻었다.

결국 두 달 만에 1만 명의 구독자를 모았다. 자신이 부족했던 점을 극복하는 과정을 진정성 있는 콘텐츠로 만들었기 때문에 성공한 유튜버가 될 수 있었다.

온라인 강의로의
변화에 적응하다

온라인 화상회의 줌 강사 매력작가현

http://blog.naver.com/kimtknh

2019년 코로나 확산으로 모든 오프라인 강의가 막히고 온라인으로의 변화를 피할 수 없게 되었다. 이때 줌zoom 강사 '매력작가현'은 자기계발과 부동산 강의를 하는 '다꿈스쿨'에서 새로운 특강을 전담하는 직책을 맡게 되었다고 한다.

줌을 통한 강의는 수없이 들었지만, 강의를 진행하는 것은 다른 문제였다. 섭외한 강사들 대부분이 온라인 강의가 처음이라는 문제에 봉착하자 온라인으로 강의를 하는 사람들을 모조리 찾아다니면서 줌을 통한 강의의 진행, 문제점들을 조사하고 연구하기 시작했다고 한다.

처음에는 몰라서 묻고 다니던 그녀가 이제는 프로 줌 강사가 되었다. 수십 개의 강의를 성공적으로 기획하고 진행했던 경험으로 줌 사용법을 알리는 책까지 출간하게 된 것이다.

당장 온라인 강의를 진행해야 하는데 줌을 몰랐던 약점을 넘어서기 위해 모든 기능, 사례들을 빠지지 않고 공부하고 블로그에 기록했던 경험은, 책 출간뿐만 아니라 왕성한 줌 시연과 강의를 요청받게 된 시작이었다.

완벽이 아닌 쓰기 쉬운
루틴 다이어리의 탄생

미라클 미타임 운영자 뮤직멘토 김연수

http://blog.naver.com/lovemusic0401

　'김연수' 코치는 대한민국에 건강한 육아와 성장 가치관을
알리고 싶은 마음으로 책을 쓰고 온라인 코칭 프로그램을 운
영하고 있다.

엄마들의 성장을 돕다 보니 시간 관리와 루틴을 위해서 기록할 수 있는 프로그램 교재 유형의 전자책을 기획하고 싶다고 했다. 보통 사람들은 시간 관리를 하고 루틴을 만들려고 노력하다가 작심삼일을 넘기지 못한다. 그때마다 의지력을 탓하며 좌절하는 사람들은 항상 완벽하고 새로운 실천 방법을 고민한다.

그래서 전자책을 만들기 전 콘텐츠 회의를 하다가 완벽이 아닌 어려움에 집중해보자는 제안을 했고, 그런 사람들에게 맞는 방법을 생각하게 되었다.

보통 시간 관리 다이어리는 하루를 타임 블록으로 나누고 집중하는 시간을 형광펜으로 그어서 시간을 분석하는 유형이 대부분이다. 형식은 조금씩 달라도 더 완벽하게 시간의 틈을 찾아내라고 권한다.

하지만 개인의 성향에 따라서 그런 방법이 맞지 않는 사람이 있다는 것에 집중했고, 쓰기 쉬운 다이어리를 생각하게 되었다. 약점이 아니라 보완할 점이라고 생각하며 부족함이 아닌 개인의 성향으로 인정한 것이다.

결국 매년 다이어리 사놓고도 한두 장만 채웠던 사람들에게 딱 맞는 컨셉으로, 한 달 다이어리로 등장하게 되었다. 다이어리가 나오자 마자 인기가 있었다. 사람들은 부담 없이 한 달만 채워도 성취감을 느낀다고 말했다. 다이어리의 네이밍인 '되다 노트'의 의미처럼 한 달, 한 달을 쌓아서 원하는 내가 되고 싶은 사람들에게 주목해서 콘텐츠가 될 수 있었다.

문제를 바꾸면
콘텐츠가 된다

◇

인공지능AI '알파고'와 '이세돌' 9단이 펼친 바둑 대결로 떠들썩했던 때가 있었다. 진짜 인공지능에 우리의 자리를 뺏기는 것이 아닐까 충격을 받았는데 벌써 몇 년이 지났다.

일자리뿐 아니라 개인적 영역인 친구까지도 인공지능이 넘보고 있다. 비록 윤리적인 문제로 중단이 되긴 했지만, 높은 관심을 받은 AI 챗봇 '이루다'와 자율주행 등의 뉴스를 접하면 인공지능의 기술력은 이미 준비되었고, 더는 먼 미래의 일이 아니라는 생각이 든다.

지금하고 있는 일들 대부분 AI로 대체되는 것을 아닐까 두려

움도 생긴다. 전 IBM 수석 이코노미스트 '마틴 플레밍'은 '직업 occupations을 작업task의 모음'이라 정의한다. AI의 등장으로 사라지는 직업은 거의 없고 바뀌는 것은 우리가 일하는 방식이 될 것이라고 이야기다. 방식이 바뀐다는 것은 제약과 약점으로 여기던 것을 얼마든지 바꿀 수 있다는 것이다.

밀가루를 소화하지 못해서 어려움을 겪던 조종우 씨는 밀가루가 없는 빵을 찾다가 '망넛이네 빵'이라는 쌀로 만든 빵, '수 버킷'을 창업했다. 밀가루가 맞지 않는 체질을 바꿀 수 없다면 대신 만들어보자고 문제를 바라보는 방식을 바꾼 것이다. 현재는 창업 3년 만에 43억의 매출을 넘길 만큼 성공을 거두고 있다. 문제를 피하거나 바꾸려는 데 집중하지 않고 오히려 고치고 싶지만 고칠 수 없는 문제를 극복하면서 자신만의 콘텐츠로 만들었다.

작은 반찬 가게를 하는 지인은, 손맛은 자신이 있지만 대기업이 잠식하는 가정식 시장을 보니 장사가 어렵겠다는 생각이 든다고 했다. 대량화하지 못하는 작은 사업의 한계라고 느끼며, 앞으로 지속할 수 있는 다른 일을 배워야 하나 생각 중이라고 말했다.

가정 제조 방식을 한계라고만 여기면 약점이지만 집밥 조리 방법을 강조하며 온라인 유통이라는 새로운 방식을 더하면 개성이 될 수 있다. 실제로 네이버 '쇼핑라이브'를 통해서 소개되는 지역의 작은 가게, 제조업자들의 제품이 전국으로 팔리고 있다. 오프라인에 온라인의 방식이 더해지는 것이 뉴스로 보도될 정도로 시장이 뜨겁다.

언택트 시대라도 스토리를 알고 있는 사람의 제품을 구매하고 싶은 것이 사람의 심리이다. 집 앞 마트에서도 비슷한 표고버섯을 구매할 수 있지만 어떤 사람이 어떻게 길러 판매하는지를 알면 더 쉽게 지갑을 여는 것이 요즘 소비다.

채팅으로 소비자와 소통하면서 상품을 소개하는 스트리밍 방송인 네이버의 '쇼핑라이브', 카카오의 '톡 딜라이브', 티몬의 '티비온', CJ올리브영의 '올라이브', 롯데백화점의 '100라이브' 등 대표적 라이브 커머스 플랫폼을 이용하면 새로운 시장이 열린다. 자본, 홍보, 위치 등의 제약도 이런 온라인 신사업과 결합하면 오히려 개성으로 주목받는다.

여러분에게 취약점이 있다면 어떤 것만 더하면 개성으로 바뀔지를 고민해보기를 바란다. 안 되는 일이라는 생각이 든다면 일이 아닌 일하는 방식을 바꿔보자. 그러다 보면 결국 자신만의 콘텐츠를 찾을 수 있을 것이다.

PART 4

온라인으로 얻는
세 가지 기회

나를
바꿀 기회

◇

진짜 내 생각을 만나다

블로그와 온라인 활동을 적극적으로 권장하는 이유는 직업이나 수익뿐 아니라 측정할 수 없는 소중한 것들을 얻었던 경험 때문이다. 엄마가 아닌 나 자체의 삶에 대한 정체성이 오리무중인 상태였는데, 블로그에 글을 쓰면서 뿌옇던 안개가 차츰 걷히고 희미한 길을 찾게 된 것이다. 디지털 노마드가 되겠다는 생각에 당장 눈앞의 경제적 이익이 기뻤던 것도 사실이다. 하지만 경제적 이익보다 더 큰, 그리고 예상하지 못한 기회를 얻었다.

시작은 보통의 평범한 블로그 글이었다. 어떤 글이든 쓰는 행위는 내 생각을 만나게 되는 과정일 수밖에 없다. 풀리지 않는 화두를 수도승처럼 고민해야만 지금 느끼고 떠올린 생각을 인지하고 되돌아볼 수 있다. 이는 큰 의미가 있는 행위였다.

브런치의 글쓰기는 메시지나 주제를 포함해서 의도적으로 생각을 많이 하고 쓴다. 하지만 블로그에는 정보가 포함된 경험의 글을 썼다. 가족과 놀이공원에 다녀온 일을 쓰기만 했는데 무슨 성찰하는 글쓰기가 될까 싶겠지만, 정보성 글도 직접 경험을 떠올리고 쓰다 보면 그때의 감정을 복기하게 된다.

AI가 뉴스 기사도 문학작품도 대신 써줄 수 있는 시대에 살고 있지만, 사람만이 할 수 있는 사고의 폭은 기계가 따라올 수 없을 만큼 깊고 넓다. 글에는 담지 않았더라도 아이 사진을 정리하다가 작년에 쓰고 간 모자가 작아졌구나 하고 불쑥 커버리는 아이들에 대해 아쉬움이나, 잊었던 장소에 대한 추억을 떠오르기도 한다. 오늘에 감사한 마음을 가지거나 추억을 소중히 생각하고 미래를 떠올려보는 감정이 들기도 한다.

그래서 나는 단순히 블로그 포스팅 부업, 수익화 블로그라고 표현하지 않는다. 실제로도 수익만을 위해서 글을 쓰는 블로거는 아니기 때문이다. 내가 쓰는 글은 물건을 리뷰하는 정보 글이라도 내 생각이나 경험이 분명히 녹아 있다. 기계적으로 글만 써서 높은 조회 수를 올리겠다고 다짐했다면 아마도 3개월을 넘기지 못했을 수도 있다.

사람마다 다르겠지만 스스로 설득되지 않는 일, 의미를 찾지 못한 일은 지속하기 힘들어하는 사람도 있을 것이다. 글이라고는 자기소개서를 써본 것이 마지막 기억인데, 블로그 글쓰기로 글쓰기가 주는 치유의 힘을 경험했다. 처음에는 정보를 소개하다가도 고생했던 일, 슬펐던 일들이 중간에 끼어들기도 했다. 기쁜 일, 재밌던 일, 마음이 아려오는 일들을 그렇게 기록하다 보니 글로 상담 효과를 본 것이다.

육아하면서 그늘졌던 마음이 그때그때 풀리지 않고 힘든 일이 생기면 감정이 지하까지 내려갔었는데, 점점 양지로 나오는 것이 느껴졌다. 누군가 위로를 해줘서도 아니고 일부러 바꾼 것도 아니지만, 생각과 마음을 어딘가 표현할 수 있다는 것이 서서히 변화를 일으킨 것이다.

일기 쓰기도 치유의 효과가 있다고 한다. 블로그나 브런치의 글은 공개하는 글이라 일기처럼 편하게 쓰지 못하는 것이 아닐까 싶겠지만 오히려 그 반대였다. 내 처지에서만 편집될 수 있는 비공개 글이 아니다 보니 서운했던 상황에서 상대방이 그렇게 행동했던 이유를 한 번 더 생각해보고 순화해서 쓸 수 있었다. 내 감정을 쓰고 상황에 대한 이해를 다시 해볼 수 있었다. 후회되던 일도 글로 쓰고 나면 더는 미련이 남지 않았다. 글이 주는 힘을 똑똑히 느낄 수 있었다.

내가 변화하다

"딸기와 떡볶이를 좋아해요."

블로그를 시작하고 처음 가진 오프라인 모임에서 정식으로 나를 소개할 때에 한 말이다. '원스텝 크리에이터'라는 시작하는 블로거의 모임이었는데, 직업이 아닌 블로거로 나를 소개한다는 것이 참 어려웠다.

엄마와 직업을 빼면 나를 무엇으로 설명할 수 있을지 며칠을 고민했는데, 딸기나 떡볶이를 좋아하는 것 말고는 명확하게 내 의사를 표현한 기억이 없는 걸 깨달았다. 내가 무엇을 좋아하는지도 모르는데 어떤 일을 하고 싶은지, 앞으로 어떻게 살고 싶은지는 당연히 몰랐다. 어떤 공부를 더 할지, 이직할지, 앞으로는 무엇을 하면서 살고 싶은지와 같은 중요한 것을 죄다 모르는 자신이 부끄러웠다. 떡볶이나 딸기를 좋아하는 것처럼 자신을 명료하게 아는 사람이 돼야겠다는 다짐을 했다.

과거를 떠올리면 내 의견보다는 여건에 맞춰주고 후회하거나 미련 남는 일들이 많았다. 진학이나 전공, 사람과의 관계에서도 좋은 사람으로 비치고 싶은 마음에 분명하게 의견을 피력하지 않았다. 그러다 보니 점점 내 색깔이 없어지는 것 같아서 이전과는 다르게 살고 싶다는 생각을 하게 되었다.

'미움받을 용기'를 내보고 싶었다. '자격증 공부'가 아닌 '디지털 노마드'라니, 해본 일 중에 가장 파격적인 결심이었다. 하지만 온라인으로 아무도 모르게 시작했기에 조금 더 쉬웠다. 그 시도는 생각보다 강하게 나를 변화시켰고 더 큰 용기를 낼 수 있게 했다.

예전 같으면 '그게 되겠어?' 하는 눈길에 위축되었을 텐데 이미 긍정과 변화의 에너지가 내 안에 차오르고 있었기에 'Why not?'이라고 되묻는 자신감도 충전되며 나를 변화시켰다.

온라인 인증 프로젝트로
의지력을 키우다

'사람은 고쳐 쓰는 것이 아니다'라는 말처럼 사람은 정말 바뀌기가 힘이 든다. 생각이나 생활 태도가 하루아침에 형성된 것이 아니기에 아무리 굳은 결심을 해도 쉽지 않다. 일찍 출근해야 한다면 눈이 떠지지만, 피할 수 있는 여지가 조금이라도 있으면 눈꺼풀 하나 내 의지로 움직이기 힘들다. 강제성이 없는 나와의 약속이면 더욱 쉽게 진다.

《이게 다 심리학 덕분이야》에서는 미국의 심리학자 바우마이스터가 했던 의지력 실험을 소개한다. 갓 구운 쿠키를 먹지 못하게 한 학생에게 기하학적 수수께끼를 풀게 했는데, 쿠키를 먹은 학생보다 먹지 못하고 생무를 먹은 학생의 집중력이 절반에도 못 미쳤다는 것이다. 쿠키를 먹고 싶은 것을 참느라 의지력이 고갈되었다는 결론이다.

실험에서처럼 의지력은 고갈된다. 그렇다고 수련으로 키울 수 있는 것도 아니다. 그래서 쉽게 포기하는 약한 의지력을 온라인에서 알게 된 세 가지 방법을 적재적소에서 활용하여 강화해나갔다.

① 온라인 공개의 힘을 활용할 수 있다

사람들은 누구나 다른 사람에게 좋은 사람으로 비추어지길 원한다. 중요한 날에는 더 외모를 단장하고, 공공장소에서는 웬만해선 화내지 않는 것처럼 알게 모르게 타인의 시선을 의식하면서 살아간다.

블로그를 통해서 내가 해내고 싶은 일, 도전하고 싶은 일을 공개선언하고 나면 더는 혼자만의 약속이 아니다. 보이지는 않지만, 다수와 한 약속처럼 인식하고 나의 신뢰를 위해서라도 조금 더 노력하게 된다. 의지력이 고갈되어 포기하고 싶더라도 신뢰감 있는 사람이길 바라는 심리를 활용하는 것이다.

현실은 하나도 지키지 않거나 노력하지 않는데 글로만 선언하고 반성하는 사람은 없을 것이다. 잘 안 되어서 반성했다면 다른 방법으로 시도하든 다시 도전하든 선언한 모습이 되도록 현실의 나를 일치시키려 노력할 것이다.

② 똑똑하게 장치를 설치하면 된다

공개만으로 강제성이 약하게 느껴진다면 '장치'를 적극적으로 이용해보자. 장치로 할 수밖에 없는 환경을 자꾸 만드는 것이다. 꼭 잘 해내고 싶을 때는 더 강력한 장치를 주기도 했다. 매일 블로그에 글을 쓰는 프로그램에서 배정된 조의 조장을 자처했는데, 그렇게 강제로 책임감을 부여하니 우선순위를 두고 열심히 임할 수 있었다. 《아주 작은 습관의 힘》에서도 만들고 싶은 습관을 하는 집단에 들어가는 것이 습관을 기르는 데 도움이 된다고 말한다.

블로그나 온라인 프로그램을 찾아보면 정말 다양하고 세밀한 프로그램들이 많이 있다. 일찍 일어나고 싶다면 '새벽 기상 모임'을, 책을 읽고 싶다면 '온라인 독서 모임'에 참여할 수 있다. 물론 참여한다고 해도 실천하는 것은 여전히 본인의 의지에 달려 있지만, 지금 프로그램 참여 중이라는 강한 의식을 가지는 것이다. 혼자 결심했다면 작심삼일로 끝나고 말겠지만 정해진 기간이 있다면 좋든 싫든 신경이 쓰인다.

꼭 하고 싶은 일, 바꾸고 싶은 습관이 있다면 강력한 장치를 이용해서 자꾸만 고갈되는 의지력, 흐릿해지는 동기에 불씨를 살려주는 것이다. 실제로 인증 프로그램에서 미션이나 인증을 하면 환급해주는 시스템이 많은 이유도 이것 때문이다. 온라인은 물리적인 강제성이 없으니 행동을 유발하기 위해서 비용환급, 리워드 등을 활용해서 참여자의 지속적 동기를 부여하는 것이다.

③ 가장 강력한 '함께하는 힘'을 느껴보자

공개선언을 해도, 인증 프로그램이란 장치를 활용해도, 마음은 또 흐트러지게 되어 있다. 그럴 때는 '함께하는 힘'을 느껴보자. 매일 독서하기 같은 개인이 실천하는 것이라도 같은 목표를 향해 노력하는 사람들과 같이하면 혼자가 아닌 느낌이 든다. 그 안에서 '포기하지 말자'는 위로를 받기도 하고 열심히 하는 모습에 다시 힘을 나게 만드는 긍정 자극을 주기도 한다.

온라인 프로그램에서 공통의 관심사로 매일 노력하는 모습을 보면서 친분이 쌓이고 인맥이 된다. 21일, 한 달 프로그램을 마치고 나서 참여 후기를 설문해보면 함께여서 할 수 있었다는 대답이 가장 많다. 아무리 작고 사소한 일이라도 '함께'라는 배에 올라타면 자신도 모르게 하게 된다.

작은 성공의 경험들이 쌓인다

전설의 복서 마이크 타이슨이 3년간의 수감생활을 마치고 처음 상대한 선수는 무명의 선수였다. 타이슨의 권투 프로모터였던 돈 킹이 타이슨에게 일부러 약한 선수와의 시합으로 타이슨에게 승리의 경험을 쌓게 했다.

그 후 세 번째에 WBC 세계 챔피언과 겨루었는데, 이 경기에서 타이슨은 상대를 3회 만에 눕히고 세계 챔피언 자리를 탈환하게 된다. 신경심리학자 이안 로버트슨이 설명하는 '승자 효과'이다. 작은 성공을 많이 거두면 큰 성공을 거둘 가능성이 커진다는 말이다.

흔히 어릴 때부터 공부를 잘하는 아이는 자아효능감이 좋다고 한다. 공부를 잘해서라기보다 해내고 싶은 일을 성취해본 경험 때문에 해낼 수 있다는 자신감이 생기는 것이다. 적당하게 성취할 만한 단계들을 도전하고 성취하면서 자연스럽게 자아효능감이 높은 사람도 있지만, 적당한 안전주의로 살아온 사람도 있을 것이다.

사실 나는 살면서 도전이라고 부를 만한 일을 한 적이 없었다. 대학 입시도 아주 안정권 대학, 학과로 특차지원서를 쓰고 한 번에 붙었다. 나중에 성적이 낮은 친구가 더 좋은 대학, 학과로 입학하는 걸 보고 후회도 했지만, 그해 입시를 포기해야 특차 입학을 취소할 수 있었기에 재수보다는 입학을 선택했다. 이런 성향이니 삶에서 도전보다는 안정을 택했다. 늘 내가 해낼 수 있는지에 대한 확신도 없었다.

성인이 되어서 가정이나 직장에서 적당하게 성취할 만한 단계를 설정해나간다는 것은 생각보다 어렵다. 하지만 온라인에서는 자신에게 맞는 목표를 설정하고 이뤄내는 것이 현실보다 쉽다.

매일 글 한 개를 한 달 동안 쓴다는 목표, 브런치라는 글쓰기 플랫폼에 도전해본다는 작은 이벤트, 내가 알고 있는 노하우로 PDF 전자책을 완성해냈다는 뿌듯함 같은 것들이 차곡차곡 쌓여갔다.

온라인을 통해서 했던 아주 작은 시도를 한 번 성공시키자 매사 자신감이 생긴 것이다. 설혹 실패해도 상관없었다. 또 다른 기회가 올 것이고 실패한 경험도 나에게 좋은 경험으로 남을 것이라 생각했다.

스스로 의도하고 해냈다는 자신감은 어린아이뿐 아니라 어른인 나에게도 의미 있는 성공의 경험이 되어주었다. 무엇인가 새로운 프로그램을 배우는 것도 작은 도전이었고, 나와의 약속을 지키는 것도 성취였다. 그 덕에 생각해보지도 못한 온라인 강사나 프로그램 운영자 같은 큰 도전도 조금씩 쉬워졌다.

'자신의 능력을 의심하는 그때가 성장할 기회'란 말이 있다. '과연 할 수 있을까' 하며 의심하던 것을 넘어 시도하니 잘할 수 있는 것으로 바꾸는 기회가 되었다.

자기 긍정문을 읽으며 자존감 씨앗을 심었다면 작은 시도와 성공의 경험으로 더욱 단단한 자존감을 키우고 만들었다. 사람은 생각이 변하면 행동이 변한다. 또 다르게 행동하다 보면 사람이 변하고 성장의 원동력이 되는 것이다.

한계를
바꿀 기회

시간의 축을 나에게 가져오다

"나를 위한 시간이 없다."

엄마가 되고 나서 가장 많이 했던 말이다. 분명 여유를 즐기지도 않고 분주한 시간들로 하루를 채워서 살고 있었는데, 회사를 위해 일하는 시간, 가족을 위한 시간, 아이들과 놀아줘야 하는 시간을 제외하고 오로지 나만을 위해 소비하는 시간이 없어지자 불만이 쌓였다.

이전과는 다른 삶을 살게 된 것이 불만이었는지도 모른다. 아이가 없을 때는 여유롭게 취미를 배우고 쇼핑을 하고 친구들을 만나는 것이 특별하지 않았는데, 마음 편히 앉아서 밥 먹을 시간도 가질 수 없었다. 연달아 두 아이를 낳고 키우는 몇 년간의 시간은 정신없이 바빴고 내 삶은 어디로 가는지 당혹스러웠다.

엄마의 삶에서 나를 위한 시간은 없었다. 아이의 문화센터 수업이 나의 공식 일정의 전부였다. 밤에 아이들을 재우고 TV를 보며 맥주를 마시는 것이 고작이었다. 진짜 휴식이라고 생각이 될 때도 있었고, 채워지지 않는 허전함을 느끼기도 했다.

전형적인 '보복성 잠 미루기'였다. 미국 수면 재단에 따르면 '보복성 잠 미루기revenge bedtime procrastination'는 바쁜 일상으로 자유시간과 레저시간이 부족한 사람들이 자발적으로 수면시간을 미루는 습관을 말한다.

휴식시간은 신경 전달 물질인 '도파민'의 수치를 높여 기분을 좋게 만들고, 달콤하고 편안한 보상이 된다고 한다. 하지만 바쁜 일상으로 인해 충분한 휴식을 하지 못하면서 부작용이 나타난다고 한다. 피로 증가, 집중력 감소, 기분 침체, 만성 수면 부족, 인지 저하 등의 문제가 발생하고 짜증이 늘고 해야 할 일을 자꾸 잊어버리거나 불안해지기도 한다는 증상이 나와 딱 들어맞았다.

분명히 내가 시간을 보내고 있음에도 나를 위한 시간은 없다고 불평했다. 늦게 잠들어버린 날이면 다음 날 짜증이 나고 피곤한 날이 반복되기도 했다. 시간이 없다는 의미는 어딘가에 가서 새로운 경험을 하고 사람들과 만날 수 있는 시간이 없다는 것이었다. 이전까지 나는 밤을 늘 이렇게 흘려보내는 쓸모없는 시간이라고 생각했다.

하지만 온라인의 진짜 이면을 알게 되면서 신세계가 펼쳐진 것 같았다. 비밀의 문을 찾은 것처럼 그 안에는 내가 몰랐던 길이 여기저기 뻗어 있었다. 왜 그 시간은 아무것도 할 수 없는 시간이라고 답답해만 했는지 더 빨리 알지 못해서 안타까울 정도였다. '제약'이라고 세워둔 담을 넘어 시선을 옮기자 무궁무진한 기회가 그 뒤에 있었다.

지금의 밤 10시는 나의 N잡 출근 시간이 되었다. 의미 없이 리모컨이나 돌리던 시간이 알고 보니 강의를 듣는 수강생, 독서 모임에 참여하는 참여자, 요청받은 강의를 하는 강의자도 될 수 있는 시간이었다. 지금까지의 한계는 스스로 만든 것이라는 것을 깨달았다.

배우고 싶은 것이 생기면 언제든지 배울 수 있고 사람들과 함께 모임을 통해 만났다. 어디에 있든 줌으로 언제든지 만날 수 있었다. 새벽 5시에 미리 약속한 미팅을 하기도 하고, 프로그램 신청자와 만나 회의를 하기도 했다. '마인드맵'을 연습하던 사람들과 주말 아침, 같은 주제로 활동을 하고 이야기를 나누기도 했다. 밤 10

시든, 새벽 5시든 운영 시간은 정해지지 않았다.

온라인은 9 to 6의 시계를 가지고 있지 않았다. 24시간 언제든 합의한 시간이라면 늘 깨어 있는 시간인 것이다.

장소의 한계를 넘어서다

카카오톡으로 전달된 피드백할 글들이 쌓인다. 출근길에 밤사이 온 질문에 답을 하기도 한다. 출근길에 나는 카카오톡으로 N잡의 업무를 처리한다. 책상에 앉을 필요도 없이 장소에 구애받지 않고 내가 진행하는 프로그램의 진행 상황을 체크하고 공지사항을 알린다.

활동하는 공간은 인터넷만 연결된다면 어디든 상관없다. 밤 10시가 나의 출근 시간이라면 우리집 책상 위가 사무실이 되어준다. 엄마들이 가지는 제약 중에 가장 큰 것이 시간과 장소이다. 아무리 아이를 잘 재워도 언제 엄마를 찾을지 모른다. 언감생심 외출은 꿈도 못 꾼다.

하지만 우리 집 책상 위로 출근한다면 말이 달라진다. 화상회의 부터 온라인 강의까지 줌만 있으면 어느 것도 문제 될 것이 없다.

처음 온라인으로 수백 명의 사람과 동시에 접속해서 강의를 들었을 때 신기했던 기억이 난다. 세상이 이렇게 빠르게 변하고 있다는 것을 느끼며 충격을 받았다. 처음 블로그를 시작할 때만 해도 줌이 낯설었지만, 이제는 무슨 일이든 줌을 활용하려고 노력했다. 노트북이나 핸드폰만 있으면 사람들과 연결해 줄 수 있던 것은 줌을 이제는 빼놓을 수 없는 도구가 되었다.

온라인을 통한 연결과 활용은 무엇인가 할 수 있는 '쓸모 있는 시간'을 재정의할 수 있게 만들었고, 무엇이든 가능하게 해주었다.

비용을 들이지 않고도 가능하다

시간이나 집을 비울 수 없는 제약만큼 경제적인 여유도 큰 제약이 된다. 창업을 생각한다면 큰 비용이 필요하다. 공부나 자격 과정을 수료하려고 해도 비용이 필요하다. 하물며 뚜렷한 목적 없이 자기계발이나 흥미를 위해서 비용을 지급하기는 쉽지 않다.

처음 온라인에서 기회를 봤을 때만 해도 오프라인 위주의 강의가 90퍼센트 이상이었다. 주로 몇만 원 단위의 강의를 고심해 골라서 들었다. 수십만 원짜리 프로그램을 들으면 단번에 나를 변화해줄 것만 같았지만 휴가도 내야 하고 아이들, 먼 거리, 차비도 문제였다. 나를 변화시킨다는 이유로 수십만 원을 들일만 한 여유도 생각도 없었다.

하지만 가지지 못한 것일수록 부러운 마음이 생긴다. '거리가 조금만 가까웠어도, 여유만 있었어도' 하며 현실을 안타까워하기도 했다. 그래서 마음을 바꿔먹고, 듣고 싶은 강의가 생기면 강의 참석 대신 강의 후기를 열심히 읽었다.

《탈무드》에 보면 돈이 없어서 학교 옥상에서 몰래 수업을 듣다가 추위에 정신을 잃은 히렐의 이야기가 나오는데, 내가 히렐이 된 것 같았다. 그렇게 후기를 깊이 파고들어 읽으면서 키워드로 핵심을 유추하는 것부터 후기를 작성하는 유형까지 알게 되었다.

도서관에서 책을 빌려 읽어도, 유튜브의 무료 정보만 내 것으로 잘 만들어도 충분하다. 요즘은 유튜브나 인터넷에 손품과 시간만 들이면 고급 정보들이 넘치게 나온다.

물론 비용을 지급하면 더 빨리 손쉽게 정보를 얻고 시행착오도 줄일 수 있겠지만, 하나하나 직접 겪어가면서 터득하고 배운 것은 잘 잊히지 않으며, 내 것이 될 확률이 훨씬 높다. '배우고 싶지만 경제적 여유가 없어서'란 말은 간절하지 않다는 말이다. 투자할 돈이 없어서란 핑계만 아니면 된다.

'0원'으로도 당장 시작이 가능하다. 스마트폰 하나만 있으면 온라인으로 돈을 벌 기회, 내가 달라질 기회를 만들 수 있다. 지금은 시간, 장소, 돈을 제약이라고 생각하지 않는다. 지금까지 가장 큰 제약이라고 생각했던 것이 오히려 가장 좋은 기회가 되어주었기 때문이다.

언택트 시대에
빛을 발한 기회들

세상에 늦은 때란 없고 오늘이 내 인생의 가장 젊은 날이라고 한다. 운명처럼 발을 들인 온라인 자기계발의 세계와 블로그의 시작은 코로나가 우리 일상을 지배한 언택트 시기에 더 빛을 발했다. 오프라인 강의는 모두 멈추고 온라인을 알아가느라 우왕좌왕할 때, 언택트가 시작되기 전부터 익숙하게 접했던 온라인 도구와 기술을 쓸 때가 온 것이다. 전문가는 아니었지만 온라인의 기회를 먼저 보고 익혀 보통 사람들보다는 한발 앞설 수 있었다.

모두가 새로운 환경에서는 조금 더 아는 사람에게 질문하기 마련이다. 블로그를 운영하면서 각종 섬네일, 카드뉴스, 회의나 프로그램을 온라인으로 운영하는 법, PDF 전자책 시장에 대한 한발 앞선 경험만으로도 충분했다.

모든 강의와 모임이 온라인으로 바뀌지 않았다면 평범한 나는, 어렵게 기회가 와도 포기해야 했을지도 모른다. 자신의 콘텐츠를 만들었고, 온라인으로 충분히 만족을 시킬 수 있는 시대, 어쩌면 지금이 가장 최적의 기회일지도 모르겠다. 절대, 지금을 놓치지 말기를.

관계를
바꿀 기회

가족을 바꾸다

블로그에 빠져서 노트북만 보던 초기에는 파워블로거나 디지털 노마드가 된다는 내 말에 남편이 반신반의했다. 스스로 좋아하는 건전한 취미 활동 정도로만 생각했다고 한다. 하지만 강의를 하고 사람들을 모으고, 모임을 기획하고 글을 써서 책이 나오는 등 성과를 보이자 남편도 진심으로 믿어주었다.

처음 네이버 메인에 올라 2만 명 방문자를 경험한 날이나 브런치 공모전의 당선 메일을 받고 기뻐 날뛰는 나를 보면서도 쑥스러워 표현하지는 않았지만, 대신 블로그나 브런치의 글을 읽어주었다.

"어제 오랜만에 쓴 글 좋던데?" 최근에 나눈 대화이다. 서로의 시간에 쫓겨서 일상의 마음을 채 나누지 못할 때도 많은데, 나의 글을 보고 내 마음을 이해하게 되었고 그 마음을 조금씩 표현하게 된 것이다. 온라인에 쓰는 글로 부부간의 이해도가 올라간다니, 가장 가까운 사람에게 이해받는 느낌은 삶을 충만하게 만든다.

온라인을 통해 노력하는 아이 엄마들을 많이 만나게 되고 결이 맞는 사람들을 통해 만나는 건강한 교육관은 육아에도 중심을 잡아주었다. 나는 육아가 참 힘들었고 감정 기복이 심해서 우울한 감정도 자주 느꼈었다. 마음처럼 안되는 육아에 자책하기도 후회하기도 했던 시기에 블로그를 통해서 좋은 멘토를 만나게 되면서 육아의 가치관을 다시 잡게 되었다.

세 권의 육아서를 쓰신 '김연수' 작가님이 온라인으로 '미라클 베드타임'이라는 코칭 프로그램을 열었을 때 운 좋게 1기로 참여하게 된 것이다. 정서적으로 안정된 아이들과 엄마가 되려면 어떤 기본부터 바로 잡아야 하는지 진심으로 알려주셨고 지금까지도 큰 도움을 받고 있다.

아이들에게 자라고 소리쳐놓고 온라인으로 만나는 사람들에게 억지로 웃어주는 N잡러였다면 어떤 것이 중요한 것인가 혼란이

왔을 것이다. 하지만 행복하게 잠든 아이 방문을 조심스럽게 닫고 기분 좋게 온라인 출근을 해서 재능을 펼치는 게 가능했던 것은 먼저 가정의 안정이 있었기 때문이었다.

온라인을 통해서 가족과 엄마로의 감정, 육아의 가치관까지 새로 세울 수 있다니 이쯤이면 무엇이든 이뤄지는 램프 속 지니를 얻은 것 같다.

감사의 힘

블로그를 시작하고 가장 많이 들은 말 두 가지는 '고맙습니다', '대단해요'다. 성인이 일상 속에서 고맙다, 대단하다 같은 칭찬을 듣는 경우는 형식적인 '고맙습니다'를 제외하고는 잘 없다. 아이든 어른이든 사람은 누구나 칭찬받고 싶은 욕구가 있다. 칭찬은 인정받는 느낌을 주고 자존감을 높여주기 때문이다.

육아 일상을 블로그에 적기만 했는데 '노력하는 엄마라 멋지다', 대단하다' 같은 칭찬의 댓글이 달리면 기운이 났다. 그런 댓글 속의 긍정 자극은 자신을 잘하고 있다고 생각하게 만든다.

실제로 '글이 참 재미있다', '일상 글인데도 기다려진다', '글쓰는 방법 좀 배우고 싶다'라는 댓글들 덕에 용기 내서 브런치 작가에 도전하고 강의도 시작하게 된 것이다. 꼭 칭찬을 들어서 자존감이 올라가는 것이 아니다. 건강하게 나의 마음을 표현하고 긍정적인 마인드가 생겼으며 일상의 감사까지 가져오게 된 것이다.

인생의 멘토를 만나다

누구나 그렇지만 내 안에도 성장 욕구가 있다. 자기계발서를 즐기는 덕후라는 내 소개처럼 성공하고 싶은 뜨거운 마음을 품고 있었다. 온라인으로 얻은 기회들과 여러 역할의 균형이 깨지면서 혼란했던 시기에 중심이 되는 가치관을 일깨워주는 사람이 없었다면 눈을 가린 경주마처럼 앞만 보고 달려나가다 후회하며 나가떨어졌을지도 모른다.

영감과 깨달음을 준 멘토들이 많았지만 육아 고민으로 '미라클 베드타임'에 참여하면서 인연을 맺은 김연수 작가님과의 만남은 나의 N잡 생활의 중심이 되었다. 진심으로 나의 가치를 믿어주고 응원해 주셨고 닮고 싶은 길을 보여주셨다.

인생에 변화가 필요할 때 앞서간 사람들의 길을 뒤따라가라고 한다. 어떻게 가야 할지 방향이 흐려질 때 앞서가는 사람의 등불은 큰 힘이 된다.

인생을 바꾸려면 생각을 바꾸고, 행동을 바꾸고, 만나는 사람을 바꿔야 한다는 말이 있다. 그만큼 만나는 사람이 중요하다는 말이다. 주변 사람들에게서 영향을 받기도 하지만, 변화가 생기려면 늘 보던 것이 아닌 움직여보고 싶은 마음을 느낄 수 있게 만드는 사람이어야 한다.

진로도 취업도 누군가 속 시원히 알려주는 사람이 있으면 좋겠다고 생각한 적이 많았다. 수동적이고 정해진 길을 생각 없이 따라 살다가 성인이 되어 모든 것을 결정해야 하는 것이 불안했다. 물어볼 만한 선배, 멘토처럼 의지할 사람이 있다면 더 좋은 길로 갈 수 있었을 텐데 하고 아쉬워했다. 하지만 그때는 머릿속으로 생각만 했으니 도와줄 누군가가 나타나지 않았다.

온라인 활동을 통해서 많은 멘토를 만났다. 각 분야의 전문가들을 이렇게 많이 알게 될 줄은 몰랐다. 블로그로 연결되는 인맥의 폭은 이제까지 경험해보지 못했던 삶의 확장을 가져다주었다.

하버드 MBA 최우등 졸업, 구글 부회장, 스타벅스, 월트디즈니 이사를 거쳐 현재 페이스북 최고 운영 책임자coo인 셰릴 샌드버그는 세계에서 가장 영향력이 높은 여성이다. 그녀는 멘토와 후원자는 경력을 발전시키는 데 있어서 매우 중요한 역할을 하지만, 대부분의 사람이 멘토 찾는 방법을 잘못 알고 있다고 말한다. 멘토와의 관계는 양측이 진심에서 우러나와 공들여 구축한 유대감에서 생겨나기 때문이라고 한다. 그렇기에 그녀는 '멘토를 구하면 탁월한 능력을 발휘할 수 있다'라고 생각하지 말고, '탁월한 능력을 발휘

하면 멘토를 구할 수 있다'라고 생각하라고 말한다.

이 사람에게 도움을 받아야지 하고 의도하라는 것이 아니다. 내가 누군가의 도움을 기꺼이 받을 수 있는 상태라면 언제든 나타난다는 뜻이다. 변화를 위해 노력하고 도전하는 과정을 도와줄 조력자나 멘토를 구하고 싶다면, 먼저 자신이 준비되어야 한다는 말이다.

온라인에서는 나이를 불문하고 친구가 된다. '○○님'으로 불리는 관계는 상대의 나이가 몇 살인지는 애초에 궁금하지 않다. 자연스럽게 관심사로 연결되어 가까워진 상대는 지역과 나이, 성별을 막론하고 친구나 조력자가 된다.

내가 원하는 방향을 알고 있는 사람들이 나에게 도움 될 만한 강의, 정보를 소개해주기도 하고 실질적인 삶의 연륜이 있는 조언을 건네기도 한다. 오히려 나의 생활반경과는 떨어진 그들이라서 더 좋은 조언, 고민 상담이 가능해질지도 모른다.

함께 성장하는 인연을 만들다

어떤 사람들은 SNS를 자기 과시용 수단이라고 말한다. 그만큼 SNS에는 기쁘고 자랑할 일은 남기고, 나쁘고 부끄러운 일들은 잘 남기지 않다보니 그 시선도 이해는 간다. 좋은 일만 있는 삶은 없다. 보이지 않아도 다들 저마다의 삶의 기복을 가지고 있다.

하지만 온라인 속에 잘 편집된 타인의 모습 때문에 자신이 초라하게 느껴진 경험이 다들 있을 것이다. 사람들은 남과의 비교를 통해서 의미를 찾기도 한다.

비슷하게 시작한 블로그 이웃 중 중간에 활동을 멈추는 경우가 많다. 바쁜 일상에 우선순위가 밀려서겠지만 블로그를 운영해야 할 목적이나 의미를 잃어버렸기 때문이다.

없는 시간을 쪼개어 블로그를 운영하고 새로운 일을 배우는 것이 무조건 설레고 재미가 있는 것은 아니다. 좋기만 한 길은 없기에 때로는 이렇게 하는 것이 맞는지, 무슨 의미가 있는지 흔들릴 때도 있었다. 하지만 온라인 활동으로 지칠 때도 힘이 되어준 것은 온라인의 이웃들이었다.

비슷한 사람들이 건네는 위로는 그 어떤 것보다 강력한 효과를 가진다. 남자들은 군대 이야기로 하나가 되고, 엄마들은 출산 경험에 대한 공감으로 위안과 동질감을 느끼는 것처럼 공통된 관심사가 주는 유대감의 힘은 엄청나게 크다.

'강의하겠어', '돈을 벌겠어'처럼 한 번 이루고 나면 끝인 목표의 그다음은 어떤 동력으로 걸어 나갈 수 있을까? 더 높은 목표를 설정하는 방법도 있겠지만 가는 길이 즐거워지면 가능하다.

사실 나도 이렇게 하는 것이 맞나 싶은 시기가 여러 번 있었다.

그때 댓글로 위로하고 격려하던 많은 사람이 없었다면 조용히 온라인 속 기록으로만 사라졌을지도 모른다.

블로그 이웃으로 만나서 진한 댓글 소통을 하던 사람들과 마음을 나누다 만든 모임이 있다. 속된 말로 '또라이 정신'으로 뭉친 블로그 친구들이다. 남들이 가지 않는 길을 가는 미움 받을 용기를 선택하고 또라이 정신으로 원하는 것을 선택해보기로 한 친구들과 인연을 만든 것이다.

'또라이 정신'이란 과격한 단어를 썼지만, 이제까지와는 다르게 살아보고 싶다는 의미이다. 사회적 위치나 가족의 기대를 지레짐작으로 맞춰가는 모범생이 아니라 온전히 나를 존중해주는 사람이 돼보고 싶었다.

수동적인 '예'가 아닌 '아니오'를 외치면서 나로, 엄마로 미움 받을 권리를 주장할 수 있는 삶을 살고 싶은 사람들이었다. 무모한 도전들을 겁 없이 응원하고 꿈과 성장을 진지하게 이야기하고 디지털 노마드를 향해 같이 가는 공통점은 존재만으로도 큰 힘이 되었다.

현실에서는 안정적인 직업을 두고 왜 유별나냐는 시선을 받는 일이 이 모임에선 되레 환영받았다. 누군가 새로운 콘텐츠를 발견했다면 진심 어린 조언과 알고 있는 방법들을 앞다투어 내놓는 관계로 이어왔다. 그러다 보니 분명한 정체성 없이 시작한 작은 블로그들이었는데, 2만 유튜버, 팟캐스트 운영자, 출간 작가, 유명 온라인 강사, 창업, 투자자 등 자신의 길을 개척하고 있다.

혼자 모든 것을 다 해야 하는 온라인 N잡의 특성은 1인 기업가와 비슷하다. 모든 것을 다 잘할 수만은 없기에 좋은 관계와의 협업은 큰 자산이 되어준다. 서로의 부족한 점을 메우고 기회를 연결하면서 인연의 선순환을 만들어가고 있다.

인생에서 좋은 친구를 얻는 것만큼 어렵고 값진 것은 없다. 어린 시절 친구도 아닌 성인이 되어 연고도 연결고리도 없이 '블로그'로 연결된 친구를 얻었으니 수익이나 명함이 없더라도 이만하면 성공한 블로그가 아닐까 싶다.

블로그를 시작할 때 '진짜 이웃', '진심 담은 댓글'을 강조한 이유가 바로 이것이다. 서로가 서로에게 진심 담은 댓글과 응원을 지속해서 보내주다가 연결된 관계라는 것이다. 단순히 형식적인 공감을 했다면 이렇게 이어지지 못했을 것이다.

소개하지 못했지만 언제나 용기와 지지를 보내준 수많은 온라인상의 친구들도 있다. 그래서 최고 조회 수를 올려주는 알고리즘 분석보다 더 큰 것을 가져다줄 사람들과 연결되라고 말하고 싶다.

온라인으로 얻은 가장 큰 수확은 바로 같이하는 사람들이다. '혼자서는 먼저 갈 수 있지만, 함께 가면 멀리 간다'라는 말은 정말 진리처럼 들어맞는다.

나만 먼저 잘되고 싶어서 빨리 몸집만 키우는 법만 연구했다면 0.01퍼센트 상위 블로그는 될 수 있을지 몰라도 마음까지 채워주는 블로그 생활은 못 했을 것이다.

진부하게 들리지만, 온라인도 오프라인도 사람과 진심이 전부이다. 함께하는 누군가를 찾고 싶다면 눈을 크게 뜨고 진심으로 소통하는 사람을 찾아라. 소통하다 보면 자연스럽게 연결이 될 것이다.

공개하고 연결되는 글쓰기는, 몰랐던 나를 알게 만들었고 힘을 주는 새로운 사람들을 만나게 했다. 내가 변하니 친구, 멘토들, 같은 관심사로 알게 되는 사람들이 끝없이 연결되었다. 응원과 위로가 되기도 하고, 삶의 나침반이 돼주기도 하며 인생의 동지가 되었다.

PART 5

어쩌다 보니
N잡러가 되다

부캐의
탄생

유재석의 부캐 '유산슬'은 엄청난 인기를 얻었다. 연예인들도 한두 개의 부캐를 설정하는 것을 옷 갈아입는 것처럼 당연하게 생각한다. 이 정도면 사회적인 분위기가 게임 속 캐릭터를 부르는 말이 아닌 '부캐'를 하나의 문화로 인식하는 수준이다. 연예인들뿐 아니라 브런치 작가들도 요리하는 작가, 글쓰는 의사처럼 낮의 직업과 퇴근 후 개인의 삶을 캐릭터처럼 표현한다.

예전에 '다마고치 키우기'란 게임이 일본과 한국에서 유행한 적이 있다. 실제로 반려동물을 키우듯이 게임기 안의 사이버 반려동물을 키우는 방식이었다. 현실에서 반려동물을 키우려면 여러 애로사항이 발생하기에 쉽지 않은데, 게임기라는 공간 안에서 별 어려움 없이 가능하게 해준 것이다.

알을 부화시키고 물이나 밥도 챙겨 먹이고, 다양하게 키워가는 재미를 부여한 반려동물 육성형 게임의 시초라고 볼 수 있다. 온라인 부캐를 만드는 것도 이것과 비슷하다고 본다. 현실의 제약이 온라인에서는 무력화된다. 내가 만들어가는 부캐를 어떻게 키우냐에 따라 다르게 진화한다.

나도 글쓰는 블로거라는 본업과 무관한 온라인 부캐를 키워나갔는데, 숨겨진 다른 면을 보여줄 수 있다는 점이 즐거웠다. 멀티 페르소나는 여러 개의 자아 가면을 뜻한다. 사람 안에는 한 가지 모습만 있는 것이 아니라 여러 얼굴, 다양한 기질이 있고 심지어 자신도 모두 알지 못한다고 한다.

모성애 넘치는 엄마였다가 외모에 관심 많은 여자가 되기도 한다. 까칠한 기질을 뿜어냈다가 이타심을 내세우는 사람이 되기도 한다. 현실 불만을 가진 사람과 만나고 나면 나도 모르게 불만이나 험담을 하기도 하고, 열심히 운동하는 사람을 곁에 두면 운동이나 다이어트에 관심이 생기기도 한다. 자신이 속한 무리나 환경에 따라 다른 게 분출된다. 회사에서 보여주는 모습, 엄마로의 모습처럼 정체성이 다양하게 분리된다.

지금까지의 모습이 아닌 하루아침에 다른 사람이 되고자 결심한다고 하면, 주변에서는 하던 대로 해라, 어디 아프냐는 핀잔부터 잘해보라는 응원까지 다양한 반응이 있을 것이다.

나는 주변 환경에 영향을 잘 받는 사람이었다. '나는 오늘부터 변할 거야'라고 선언하는 것도 부끄러웠다. 열심히 해보고 싶은 열망은 내 안에 있었지만 뭘 그렇게까지 하냐는 주위의 말에 머쓱해지는 그런 사람이었다.

부캐를 키워나가듯 블로그, 글쓰기와 관련한 일들은 온라인에만 기록하고 공개했다. 이렇게 현실의 나와 분리해서 지인에게는 알리지 않고 시작한 것이 새로운 '나'라는 부캐를 만드는 데 도움이 되었다.

무엇인가 꾸준히 살려보고 싶은 내 안의 한 부분이 있는데 현실에서는 여러 가지 이유로 실현이 어렵다면, 온라인 부캐를 만들어 또 다른 나를 대표하는 수식어, 특기로 만들어보자.

부캐로 보이는 모습이 점차 쌓이면서 나와 관심사가 비슷한 사람들이 모이고 연결되어 기회가 생긴다. 좋아하는 것은 더 잘 즐기게 되고, 막연한 목표는 한 걸음씩 가까워진다. 예쁜 물건에 관심이 많아서 인테리어 소품 판매를 할 수도 있고, 글쓰기가 재밌어져서 작가의 꿈을 가질 수도 있다.

퇴근 후 부캐를 가져보란 말이 또 다른 내가 되어보라는 뜻이 아니라 현실에서 만들거나 지속하기 어려운 나의 모습을 키워보라는 것이다.

실제로 온라인 부캐라는 믿을 구석이 없었다면, 꿈이나 취미는 이전처럼 잠시 불타올랐다가 꺼지고 말았을 것이다. 누군가에게 보여주기 위한 모습이 아니라 자신이 원하는 모습의 온라인 부캐를 만들어보자.

현실의 나는 생각하지도 못할 시도들을 부캐라서 하기도 한다. 부캐의 긍정적인 힘이 현실의 나를 발전적으로 이끌어줄 수도 있다. '작가 빛나다'란 부캐에 어울리는 내가 되기 위해 새벽에 글을 쓰려고 눈이 번쩍 떠지는 것처럼 부캐는 강한 힘과 동기를 가졌다.

랜선 출근으로
월평균 150만 원의
부수입을 얻다

　팬데믹으로 많은 직장인이 N잡을 준비하고 있다. 《트렌드 코리아 2021》에서는 플랫폼 비즈니스를 기반으로 비정규 임시 계약직 등의 근로 형태가 확산하는 긱 이코노미가 부상하면서 필요할 때 부업을 하는 유연한 근무환경이 적극적으로 조성되고 있으며, 다양한 정체성을 개척하며 끊임없이 자신을 업그레이드하는 '멀티 페르소나 업글 인간'의 시대가 도래했다고 말한다. 온라인 강의 플랫폼만 살펴봐도 다양한 N잡 강의들이 쏟아진다. 이제 N잡은 대부분의 사람이 관심을 가지는 단어가 되었다.

　나는 하루에 N번 출근을 한다. 회사에 출근하고 퇴근 후 엄마

모드로 육아 출근을 한다. 아이들을 재우고 나면 어떤 날은 강사로, 다른 날은 글쓰기 코치로 출근하기도 하고, 재능마켓을 통해 전자책을 판매하고 상담을 하기도 한다.

하나의 직업이라고 말하기 어려운 여러 가지 직업을 가졌다. 브런치 작가나, 블로그 글쓰기, 전자책 쓰기 같은 쓰는 노하우를 나눠주는 강의와 프로그램을 운영하면서 제 2의 수익을 벌어들이기도 한다.

다양한 형태이긴 하지만 일관된 정체성은 있다. 주로 글쓰기라는 재능을 이용해서 수익을 이루고 있다. 강의도 '쉽게 글을 쓰는 법', '브런치 작가가 되는 법'처럼 글쓰기와 관련한 주제로 요청받는다.

지식이나 노하우 같은 무형의 재능을 전해주고 수익을 버는 일도 있고, 작업물을 의뢰받아서 만들어주는 디자인이나 문서 작성 같은 재능으로 수익을 올릴 수도 있다. 또 직접 물건을 소싱하고 판매하는 온라인 셀러가 되거나 중간 중개자 역할만 하는 스마트 스토어 위탁 판매나 해외 구매 대행처럼 번거로운 절차를 대신해 주고 수수료를 받을 수도 있다. 이런 모든 것이 온라인 사이드 잡이 될 수 있다.

오프라인의 단순 업무는 키오스크로 대체되고 있다. 이웃집에 작은 부탁도 하기 힘든 약한 연대를 살아가는 우리는 온라인 의존도가 더 높아지고 있다는 것쯤은 이미 말하지 않아도 잘 안다. 앞으로 더 새로운 N잡도 많이 생겨날 것이다.

구분	N잡
무형의 재능 (지식, 노하우 전달)	강의, 전자책 등
무형의 재능 (디자인 작업, 문서 대리 작성 작업)	로고, 일러스트 의뢰 작업, PPT, 엑셀 의뢰 작업, 디지털 파일 판매, 사진 판매
유형의 제품 (상품 유통)	스마트 스토어, 해외 구매 대행, 위탁 판매자, 공동구매, 인스타 마켓

N잡의 유형

처음 블로그를 시작하면서 디지털 노마드를 꿈꿨을 때는 나도 다른 사람들처럼 판매나 블로그, 유튜버 광고 수익 같은 것을 생각했었다. 하지만 나와 가장 잘 맞고 흥미가 있었던 재능이 글쓰기였기 때문에 방향이 선명해졌다.

'신사임당TV'를 운영하는 유튜버인 신사임당은 쇼핑몰을 성공적으로 운영한 노하우를 유튜브로 담아내면서 유명해졌다. 자신의 채널에서 했던 이야기 중에 자신은 그다지 잘하는 것이 없는 평범한 사람인데 무엇이든 꾸준히 하는 것 하나는 잘하는 사람이라는 말을 했다.

온라인 쇼핑몰을 성공시키기 위해서는 지속해서 쇼핑 카테고리가 노출되는 키워드를 찾아내서 분석하는 것이 필요하고, 제품을 끊임없이 발굴해서 등록하는 작업이 반복된다. 자신이 잘할 수 있는 것을 파악하는 메타인지가 있었기 때문에 신사임당이 성공했다고 생각한다.

글 쓰는 건 절대로 못하겠다는 사람이 글을 써서 N잡을 가지기는 힘든 것처럼 즉흥적이거나 창의적인 기질이 강한 사람이라면 매일 같은 일을 해내야 하는 쇼핑몰 운영이 힘들 수도 있다는 말이다.

사이드 잡, N잡이 대세라서 쉽게 돈이 된다는 성공담을 보고 유행처럼 한 아이템에 사람들이 몰려들었다가 포기하는 것을 자주 본다. 성공하는 N잡들은 자신이 원래 가진 기질이나 경력과 잘 맞는 사이드 잡을 시도했을 때 좋은 성과를 냈다.

누군가에겐 쉬운 일이 다른 사람에게는 가장 어려운 일이 되기도 한다. 아무리 돈이 되어도 과정도 괴롭지 않고 해낼 만한 것을 선택하는 것이 중요하다.

사람과의 소통이나 대화가 어려운 사람이 코칭이나 상담 프로그램을 운영하기는 어렵다. 숫자 계산은 생각만 해도 머리가 아프다는 사람들이 단순 작업, 물건 리스트업, 마진율을 계산하는 것이 필수인 스마트 스토어나, 해외 구매 대행 같은 온라인 사업을 시도

했다가 고전하는 경우를 봤다.

평소에 많은 사람과 소통하는 걸 즐기는 스타일이라면 카페나 밴드처럼 많은 사람과 정보를 공유하고 나누는 플랫폼을 잘 운영만 해도 수익이 된다. 디자인 관련 경력이 있거나 감각이 있는 사람이라면 디지털 문서 작업이나 드로잉 같은 의뢰받은 작업을 해주는 N잡을 시도해봐도 좋다.

논리적인 구조화를 잘하거나 누군가에게 설명을 잘하는 재능이 있다면 전자책으로 정보를 정리해서 판매하거나 강의를 개설할 수도 있고, 말을 잘하고 끼가 넘친다면 유튜버가 될 수도 있다.

다수 앞에 나서기 힘든 내향적 성향이라면 블로그로 꾸준히 글을 써서 수익을 만들 수도 있다. 작업물을 일대일로 전달하는 유형이나 소수를 상대로 하는 프로그램을 운영할 수도 있다.

온라인 N잡의 다양한 세계를 만나보고 자신에게 맞는 것을 잘 탐색하고 시도해보는 것이 중요하다.

자신에게 맞는 한 가지를 찾았더라도 시대는 늘 변하기 때문에 트렌드를 익히고 앞으로의 방향에 도움이 될 만한 것을 계속 배우고 준비해야 한다. 이 말은 아직 시작하지 않은 사람들도 얼마든지 지금까지 경험해보지 못한 직업을 선점할 수 있다는 것이다.

'디지털 노마드'가 되고 싶다는 말이 뜬구름처럼 느껴졌던 적이 있었는데, 이제는 누구나 디지털 노마드가 될 수 있다고 열변을 토

하면서 다니게 되었다. 아주 작은 재능이라도 지금 시작해서 N개의 명함을 만들어보자.

본업과 N잡의
시간 밸런스를
유지하는 법

◇

요즘은 어디서든 패시브 인컴, 파이어족 같은 단어를 들을 수 있다. 패시브 인컴은 말 그대로 일하지 않아도 수입이 들어온다는 말인데, 이자 소득, 저작권 등이 대표적이다.

나의 시간과 돈을 바꾸는 근로 소득만으로는 경제적 자유가 어려운 시대이기 때문이다. 이런 비노동 소득, 불로 소득을 떠올리며 N잡러를 꿈꾸는 사람이 많다.

지금까지 소개한 나의 N잡인 PDF 전자책 판매나 책 인세는 패시브 인컴passive income이지만, 나머지는 액티브 인컴active incom이다. 잠자면서 돈을 버는 구조가 아니다 보니 시간 활용이 N잡을 유지하는 데에 중요한 관건이다.

N개의 명함을 가져도 사람이 낼 수 있는 에너지의 한계가 정해져 있고 24시간을 깨어 있을 수도 없다. 하지만 시간을 잘 쓰는 법을 알면 누구나 N잡이 가능하다. 물리적으로 비교했을 때는 집에서 육아만 전담하던 때에 쓸 수 있는 시간이 더 많았지만, 시간의 활용도는 지금이 200퍼센트 이상 가성비가 높다.

📧 엄마 N잡러의 시간 가성비 높이기

① 무의식적 행동에 의식을 더하라

인간은 한 번에 한 가지 생각밖에 할 수 없다. 두 가지를 동시에 한다는 사람들도 있지만, 실제 자주 생각을 전환하면 효율이 떨어진다는 연구도 있다.

생각은 하나밖에 못해도 행동과 생각은 동시에 할 수 있다. 밥을 먹거나 신발을 신는 것처럼 수만 번 경험해서 몸에 익은 행동은 생각 없이 나온다. 다른 주제로 동시에 대화는 못 나누지만, 무의식적인 행동을 하면서 한 가지 주제로는 대화할 수 있다. 운동하면서 노래를 듣는 것처럼 의식적 행동과 무의식적 행동을 같이하는 것이다. 집안일은 지금 반드시 해야 할 일, 자기계발은 미래를 위해 해야 하는 일이라면 따로 시간을 내지 않고 설거지나 집안 청소를 할 때 유튜브 강의를 들었다.

집안일을 하거나 출퇴근 길처럼 무의식적으로 몸이 움직이는 일할 때는 무조건 의식을 사용하는 일을 더 하려고 노력했다. 이럴 때는 메모하고 집중해야 하는 영상 말고 세바시(세상을 바꾸는 시간) 강의나 인터뷰, 스토리가 있는 책이 흘려듣기 좋다. 그러다 보니 의미 없이 보내는 시간은 줄어들고 집안일을 하는 시간도 아깝게 느껴지지 않았다. 요즘은 무선 이어폰을 사용하거나 오디오북 시장도 점차 커지고 있어서 의식이 쉬는 시간에 소리를 활용해서 생각하기가 더 좋아지고 있다.

② 하나씩 숙련도를 높여라

숙련공은 기술이 능숙한 기술자나 노동자를 말한다. 우리가 하는 모든 일도 숙련의 정도를 나눌 수 있다. 처음 하는 사람과 오래 해온 사람의 기술과 능력이 다른 것처럼 온라인 블로그 쓰기, N잡과 관련한 일처럼 새로운 일을 익힐 때도 하나씩 숙련도를 높여가면 된다.

블로그도 시간이 없어서 엄두를 못 내는데, 다양한 일들을 직장 생활과 어떻게 병행하는지 궁금해한다. 처음 글을 쓸 때는 3시간씩 걸려서 블로그 하나만 하기도 벅찼다. 하지만 블로그 글쓰기가 익숙해지자 3시간씩 걸리던 일은 30분 전후로 가능하게 되었다.

그래서 브런치 작가에 도전하고, 전자책을 만드는 식으로 하나씩 숙련도를 높여나갔다.

처음에는 한 가지만 해도 모자라는 시간인데 지금은 3~4가지도 가능하게 된 것이다. N잡이라고 단번에 모든 일을 잘해야 하는 것이 아니라 하나하나 숙련된 기술을 만들어나간다고 생각하면 된다.

③ 시간의 레버리지 효과를 얻어라

신정철의 《메모 독서법》에는 독서를 활용하면 내 시간을 단축한다는 표현이 나온다. 책은 다른 사람의 수년간 경험이 축약되어 담겨 있기 때문에 독서라는 간접 경험을 잘 활용하면 시간의 레버리지 효과를 얻을 수 있다는 말이다.

예를 들어 재능마켓에 전자책을 등록할 때 혼자 알아보면서 시행착오를 직접 경험하는 것도 좋지만, 관련된 책이나 강의 등으로 집중해야 할 요소를 파악하면 시간을 단축해서 목표를 달성할 수 있다. 현명하게 나에게 필요한 강의와 책, 영상 등을 활용하면 어렵거나 포기하게 되는 장애물을 건너뛸 수도 있다.

앞서간 사람의 지식과 정보를 잘 활용하려면 평소에 나의 약한 부분을 잘 알고 보완해줄 프로그램이나 강의에도 관심을 가지고 적극적으로 이용해보자.

④ 계획에 맞는 시간을 파악해라

시간을 계획하는 것이 아니라 계획에 맞는 시간을 파악해야 한다. 여기서 시간은 계획에 소요되는 시간을 의미한다. 많은 사람이 스케줄러나 투두리스트 등으로 시간을 계획하지만, 제대로 시간을 파악하지 못하고 계획만 하는 경우가 많다.

책 읽는 습관을 들이고 싶어서 매일 30페이지를 읽는 것을 계획하려면 30페이지를 읽는데 걸리는 시간도 알고 있어야 제대로 된 계획과 실천이 가능해진다. 30페이지를 읽으려면 보통 1시간이 걸리니까 아침과 저녁 30분씩 두 번 시간을 만든다는 계획을 세워야 하루 시간을 내 뜻대로 잘 배분할 수 있다.

⑤ 시간에 이름표를 붙여라

자기계발이나 사이드 잡을 위한 시간을 확보하려고 새벽에 일어나는 사람들이 많다. 하지만 일찍 일어나도 무슨 일을 할지 정해두지 않으면 청소나 정리 같은 일로 시간을 흘려보내기도 한다. 물론 청소나 정리도 해야 하는 일이지만, 이 시간만큼은 나만을 위한 시간이라는 이름을 붙여두고 자신과 관련된 일만 하는 습관을 들이면 좋다.

나 역시 처음에는 청소도 하고 반찬도 만들면서 시간을 써보기도 했다. 하지만 수익이나 자기 성장을 위해서는 다른 일을 하는 시간이 일정 부분 필요하다는 것을 느끼고, 매일 새벽은 나를 위한 시간이라고 의도적으로 정해두었다.

작가가 되고 싶다면 글쓰는 시간이 필요하고, 블로거가 되려면 블로그를 관리하는 시간이 필요하다. 시간에 먼저 이름을 붙여주지 않으면 절대로 시간은 생기지도 쌓이지도 않는다. 설거지할 때는 자기 성장을 위한 유튜브를 보는 시간, 출퇴근할 때는 방해받지 않는 독서시간처럼, 시간에 이름을 붙이면 그 시간을 고민하지 않고 바로 행동에 옮길 수 있다.

업(業)은 생계를 유지하기 위하여 자신의 적성과 능력에 따라 일정 기간 계속 종사하는 일을 말한다. 일회성에 그치는 돈벌이나 수단이 아니라, 일정 기간은 지속할 수 있어야 한다. N잡의 의미는 여러 개의 직업을 뜻한다. N잡러로 괄목할만한 성과를 내고 싶다면 먼저 시간을 잘 관리하고 분배하는 나의 생활에 맞는 시스템을 만들어야 한다.

단기간에 하고 끝내는 성격이라면 며칠 밤을 새워서라도 성취할 수 있겠지만 어떻게 잘 지속하는지가 핵심이다. 어떤 분야의 전문가가 되려면 최소한 1만 시간 정도의 훈련이 필요하다는 말콤 글래드웰이 《아웃라이어》에서 소개한 '1만 시간의 법칙'처럼 단기에 이루어지는 것은 없다.

시간을 잘 관리하고 엄마, 직장인, N잡러, 작가의 역할에 맞는 각각의 시간을 균형 있게 쌓아가야 한다. 직장에서 큰 프로젝트가 있다면 N잡을 줄이기도 하고, 책을 집필하는 기간처럼 집중해야 하는 기간에는 가족의 협조를 구하기도 한다. 비중이 커지는 상황에 따라 N개의 시간 분배를 움직여가면서 맞추어보자.

또한 시간의 균형만큼 나의 에너지 레벨, 스트레스 지수도 중요하기 때문에 한쪽에서 너무 소진되거나 치우치지 않는지를 스스로 체크해야 한다.

직장인 N잡러가 주의해야 할 자가 점검 질문

☐ **퇴근 전후로 스위치를 켜자**

N잡 때문에 본업에 지장을 주면 직장인으로 신의 성실의 원칙에 어긋난다. 본업이 먼저임을 잊지 말자. 직장의 일도 흥미를 느끼고 임해야 발전적 아이디어도 업무 성과로 이룰 수 있다. 스위치를 켜듯이 퇴근 전과 후를 구분하자.

☐ **충분한 휴식과 잠을 자고 있는가?**

퇴근 후 이뤄지는 N잡 생활에 과도하게 시간을 뺏겨서 제대로 휴식이나 잠을 자지 못하면 다음 날의 컨디션 난조는 당연한 일이다. 퇴근 후 시간은 개인의 자유라고 생각해서 다음 날 직장에서 쓸 에너지를 미리 고갈시키는 악순환을 만들지 말자.

☐ **겸직 금지 조항이 있는가?**

공무원, 준공무원의 경우에는 겸직을 통한 수익 활동을 금지하고 있는 일도 있으므로 직군의 특수성에 따라 사전에 어떤 수익의 종류까지는 가능한지 파악하고 방향을 정해보면 좋다. (예시 : 인세, 유튜브 광고 수입료 등)

슬기로운 엄마 N잡러가
되고 싶은
사람이라면

◇

시간과 관계없이, 집에서도 노트북 한 대만 있으면 어디에서든 일할 수 있다는 말은 엄마라면 누구나 관심을 가질 만하다. 처음 디지털 노마드에 마음을 움직인 것도 이런 매력 때문이었다. 게다가 특정한 능력이나 자본이 없어도 돈을 벌 수 있다는 말에 솔깃했다.

'누구나 월 몇천만 원씩 벌 수 있다'라고 소개하기도 한다. 불가능한 일도 아니지만, 지나친 환상을 가지지는 말아야 한다. '누구나 가능하다'는 뜻을 사람들은 '쉽게 할 수 있다'는 의미로 혼동하기도 한다. 사이드 잡, 온라인을 통한 수익 활동은 무조건 엄청난 돈을 쉽게 벌 수 있는 환상이 아니라 오프라인에는 없는 기회가 있다는 것에 초점을 맞춰서 생각하면 좋겠다.

N잡으로 낼 수 있는 수익은 몇만 원부터 큰 금액까지 다양하다. 몰라서 시도조차 못 하는 사람은 '0원'이지만 알고 나서 작은 시도와 노력을 기울이면 매월 20만 원이라도 수익이 생긴다.

금액의 작고 많음보다 수익이 있고 없음을 생각하면서 지속해야 여러 개의 파이프라인이 생기고 큰 수익에도 도달할 수 있다. 이렇게 다양한 수익 활동을 하나씩 늘려나가는 과정에서 얻은 이력이나 경험이 또 다른 기회를 부르게 된다. 브런치 작가에 도전한 것이 강의를 불러오고, 인세 수입을 만들어주고, 그 책이 또 다른 강의 요청을 불러오는 것처럼 말이다.

나도 처음에는 직장의 월급이 아닌 다른 수익이 생기니 온라인 N잡에 비중을 높이면 금세 큰돈을 벌 수 있을 것 같았다. 어떤 달은 월급을 넘어서는 수익이 생기기도 해서 조기 은퇴 같은 행복한 상상을 하기도 했다. 본격적인 이익을 거두는 초기에는 강의도, 글을 피드백하고 상담하는 것도 신이 났다. 회사 일이 아닌 내 일이라고 생각하니 프로그램 운영도 의욕적이고 다 해낼 수 있을 것 같았다.

하지만 의욕과 현실은 달랐다. 모든 일에는 시간과 에너지가 들어간다. 아무리 시간의 가성비를 높이고 내 기술의 숙련도를 쌓아도 물리적인 한계가 분명히 있다.

앞서 사이드 잡으로 하기 좋은 여러 N잡의 유형을 소개했다. 어떤 일이든 자는 동안에도 돈이 들어오는 100퍼센트 패시브 인컴 구조를 만들려면 일정 궤도까지 올리는 과정이 반드시 필요하다.

영상으로 만든 강의를 수백, 수천 명에게 판매하여 패시브 인컴 구조를 만들 수도 있지만, 아직은 같은 강의를 여러 번 하여 시간 대비 소득을 얻고 있는 것이다. 재능마켓에서 거래되는 PDF 전자 책 역시 자면서도 팔리기는 하지만 경험을 모으고 작성하는 투자의 시간이 필요하다.

온라인을 활용한 N잡이라도 시간의 제약, 공간의 제약만 극복한 것이지 아무런 시간 투자나 노력 없이 수익이 생긴 것이 아니다. 나는 주 수익원이 강의와 글 피드백 활동이라 완벽한 패시브 인컴의 구조는 아니었다. 그 말은 시간의 투자가 들어간다는 말이다.

일이 몰리는 시기는 퇴근 후 밤과 새벽 시간이다 보니 계속 일을 하였고, 자는 시간을 제외하고는 온종일 일을 하는 기분마저 들었다. 자는 시간을 줄이면 피로도가 높아지고 피곤한 상태에서는 회사 일에도 집중도가 떨어졌다.

직장생활은 강제성이 있어 지장을 초래하면 안 되니 긴장을 하다가 퇴근하고 집으로 돌아오면 그때부터 영향을 미쳤다. 가사 일과 육아를 해야 하는 퇴근 후 집에서의 시간에 누수가 생긴 것이다. 당장 청소며 식사, 아직 손이 많이 가는 아이들에게도 집중이

안 되었다. 피곤해서 여유가 없다보니 너그러운 마음으로 아이들과 놀아주기가 힘들었다. 당장 수익이 늘어나는 재미에 조금만 바쁜 시기가 지나면 괜찮아질 거라고 생각했지만 생각처럼 되지 않았다. 나의 본캐가 '엄마'라는 사실을 잠시 망각했다.

아이들도 방치되고 몸을 챙길 시간이 없어져서 여기저기서 고장 신호를 보내왔다. 대체 무엇을 위해서 이렇게 하는 건지, 지금 무엇을 놓치고 있는가 하는 생각이 들었다. 단번에 노동하지 않아도 수익이 되는 구조를 만들고 사이드 잡을 본업보다 더 단단한 수익원으로 만들려면 집중하는 기간이 필요한데 모든 것을 다 같이 해나가기가 쉽지 않았다. 회사를 그만두고 N잡에 집중하는 사람들처럼 엄마라는 자리를 그만둘 수가 없었다.

회사 퇴근을 하고 육아 출근, 육아 퇴근을 하고 온라인 N잡 출근을 한다는 'N잡러의 일상'이란 글을 블로그에 썼더니 이런 댓글이 달린 적이 있다. '육아 출근, 퇴근이라고 표현하니 마치 일처럼 생각하는 느낌이 든다. 육아는 일이 아니니 책임이나 일처럼 표현하지 않았으면 좋겠다'는 오랜 이웃의 애정 어린 조언이었다. 솔직하게 어린아이들을 먹이고 씻기고 입히고 재우는 일련의 과정을 일처럼 느낀 적도 있다.

바쁘면 남편이나 다른 가족에게 도움을 요청할 수도 있지만, 모든 것을 대체할 수는 없다. 요리할 시간이 없으면 반찬은 사 먹을 수는 있고, 기관이나 학교, 돌봄의 공백이 생길 때 다른 사람의 손을 빌리기도 하지만 엄마를 대신할 수 없다.

나의 N잡 중심은 엄마이다. 메인 잡과 사이드 잡은 언제든지 바뀔 수도 있다. 육아에 내가 온전히 필요하다면 회사이든 N잡이든 그만둘 수도 있다. 하지만 엄마라는 자리는 그만둘 수도 멈출 수도 없다. 게다가 아직 어린아이를 키우고 있다면 절대적으로 엄마가 필요한 시간이 있다. 처음에는 이 일만 끝나고, 지금은 바쁘니까 하고 자꾸 가정과 아이들을 희생시키기도 했다. 그런 일들이 지속적으로 일어나자 주객이 전도되고 있다고 느꼈다. 통장은 두둑해졌지만 나와 아이들의 마음은 비워지는 것 같았다.

처음 디지털 노마드를 꿈꾸고 계획할 때는 전혀 예상하지 못한 문제였다. 아이를 키우면서도 가능하다는 점이 가장 매력적인 디지털 노마드였다.

어떤 계획을 전심 전력을 다 해서 밀어붙이지만 일이 기대한 대로 풀리지 않을 때 사람들이 가장 먼저 보이는 태도는, 대개 그 계획을 다시 생각하지 않고 한층 더 큰 노력과 자원을 쏟아붓는다. 이런 양상을 심리학에서 '몰입 상승escalation of commitment'이라고 표현하는데, 몰입 상승은 피할 수 있었던 실패를 피하지 못하는 가장 중요한 요인이 되기도 한다고 한다.

더 자동화된 수입 구조를 만들고 더 많은 돈을 벌기 위해 더 몰입하고 달려야 하는지 고민했지만, 다른 N잡러들과는 다른 엄마라는 위치 때문에 궤도를 수정하기로 했다.

정확하게 표현하자면 슬기로운 엄마 N잡러로 살아가기로 한 것이다. 그냥 N잡러가 아닌 '엄마 N잡러'라고 나를 표현하게 된 이유가 바로 이것 때문이다.

사람들의 N잡 목표는 개인의 가치관이나 상황에 따라 다양하다. 어떤 사람은 현재 이익을 더 얻고 싶기도 하고 두 번째 직업을 만들기 위해 도전하기도 한다. 파이어족처럼 빨리 경제적 자유를 달성하고 조기 은퇴하는 삶을 꿈꾸기도 한다.

N잡이 시대의 흐름이라면 여러 모습의 N잡러가 생겨날 것이다. 엄마 N잡러의 시행착오 과정을 겪으면서 이런 현실적인 이야기를 전해주고 싶었다.

이 세상의 모든 엄마는 기본적으로 '엄마'라는 본캐를 가지고 있다. 거기에 회사 일이나 또 다른 사이드 잡이 더해지는 것이다. 하지만 엄마라는 본캐를 희생하고 해야 할 일은 없다. 밸런스에서 엄마라는 본업이 흔들리지 않아야 한다. 본캐의 지분은 그대로 두고 나머지 영역에서 할 수 있는 일을 찾으면 된다. 내가 처음에 '디지털 노마드'에 관심을 보인 것도 사회나 회사에 맞추지 않아도 되는 라이프 서클을 만들고 싶어서였다.

경제적 자유나 여유를 얻고 싶은 이유는 행복한 삶을 위해서이다. 나와 가족의 시간을 더 가치 있게 보내려고, 노후를 위해서 여러 가지 노력을 하는 것이다. 우리는 행복하기 위해서 N잡러도 되고 싶고 자기 성장도 하고 싶어 한다. 꼭 지켜야 할 것을 희생시키면서 얻을 만한 대단한 것은 없다.

엄마와 풀타임 직장인이면서 본캐와 온라인 N잡을 하다 보니 가장 중요한 것은 균형이었다. 내가 하는 만큼 수익이 되는 온라인 사이드 잡의 가능성과 확장성 때문에 더 욕심이 났던 것도 사실이지만, 나는 '슬기로운 엄마 N잡러'의 새로운 라이프 스타일을 만들어가기로 한 것이다.

10명이라면 각자에게 맞는 라이프 스타일 10개가 나올 것이다. 누군가는 두 시간만 투자하는 것이 맞을 수도 있고, 어떤 이는 1년간 몰입하고 일정한 수익을 만드는 것이 맞을 수도 있다. 누가 되었든, 자신에게 맞는 중심점은 무엇인지 생각하고 N잡 생활을 계속 이어나가면 좋겠다.

온라인으로 글을 쓰고 N잡러가 되는 것은 누구에게나 평등하고, 엄마에게는 더할 나위 없는 좋은 기회가 된다. 선녀와 나무꾼의 날개옷처럼 아이들을 양손에 안고도 날아오를 수 있게 해주는 기회이기 때문이다.

퇴근 후
삶으로 되찾은
자존감과 미래

◇

전에 없던 기회도 얻고 수익도 생기지만 지속해서 할 수 있는지가 진짜 성공의 열쇠다. 어떻게 하면 지속할 수 있을까?

"누구도 강요하는 것을 즐겁게 할 수 없다. 스스로를 움직일 수 있는 꿈의 이유가 없다면 금세 포기하기 때문이다."

《김연아의 7분 드라마》에 나온 말이다. 김연아의 말처럼 스스로 움직일 만한 꿈이 있어야 매일이 즐거울 수 있다.

처음에는 의무감으로 매일 글을 썼다. TV를 보는 여유시간이라도 가지면 흡사 시험 기간에 공부는 안 하고 놀고 있는 학생 같은 기분도 들었다. 꼭 해야 할 일로 느끼고 있었다는 말이다. 쉬엄쉬

엄 길게 하는 것이 맞는 사람도 있다.

하지만 블로그와 글쓰기를 나의 변화를 위한 시작점으로 삼았기 때문에 매우 간절했다. 의지력이 약하고 뭐든 성공해본 경험이 없어서 끈을 놓치면 금방 예전으로 다시 돌아갈 것 같았다. 한번 두 번의 어쩔 수 없다는 변명을 만들면 금방 오래된 습관의 관성이 작용한다. 그나마 쌓아오던 것도 의미가 없어진다.

새로운 일이 익숙해질 때까지는 의식적으로 노력하는 기간이 꼭 필요하다. 하지만 이런 일들이 누군가 강요한 일이었다면 절대 하지 못했을 것이다. 자신이 스스로 약속했을 뿐이다. 목표가 있는 자발적인 약속이었기 때문에 과정은 힘들었지만 즐겁기도 했다. 무엇인가 해낸다는 성취로 자존감도 높아졌다.

무엇이든 솟아나는 화수분처럼 좋은 인연과 기회, 마흔을 눈앞에 두고 다시 꿈을 꾸게 되었다. 경제적인 문제 때문에 다니던 직장생활의 부담에서 벗어나자 더 즐거웠다.

엄마가 일해야겠다고 생각할 때는 경제적 이유도 있지만, 자아실현이라는 목적도 있다. 내 목표가 무엇인지 잘 설정해두고 시작하면 흔들려도 금방 제자리로 돌아온다. N잡으로 모은 돈으로 매년 가족여행을 떠난다는 소박한 목표일 수도 있고, 자아실현이 중요한 사람에게는 꿈을 발견하고 즐겁게 살며 경제적인 이득을 만드는 것이 목표일 수도 있다.

목표와 기준을 세우고 가다 보니 바쁜 시간은 찾아주는 사람이 있어 기쁘고, 아무것도 신경 쓰지 않고 보내는 휴가나 일상에서도 감사한 마음을 가질 수 있었다.

"목적지가 없는 사람에게는 어떤 바람도 순풍이 아니다."

몽테뉴의 말처럼 목적지가 있기에 순풍도 역풍도 의미가 있다고 느껴진다. 아이의 장래희망이 대통령, 우주인이라면 응원하지만, 40대 평범한 아줌마의 꿈이 대통령, 우주인이라면 의아한 눈길을 보낼 것이다. 무엇이든 될 수 있다고 생각하는 아이가 행복하고 꿈을 키워갈 수 있는 것처럼 어른이 내가 지금 그렇다.

도대체 무슨 일을 해야 하는지, 잘하는 것이 무엇인지 고민했던 몇 년 전에는 상상할 수조차 없는 일이다.

"하는 것도 없이 한 해가 다 갔네."

매년 연말이 되면 반복했던 말이지만 블로그를 시작으로 N잡러로 살게 되면서는 그 말을 해본 기억이 없다. 온라인 기록을 보면서 올 한 해도 많은 추억을 남기고 다양한 것에 도전한 것을 기특하게 생각한다. 다가올 한 해는 또 어떤 가슴 뛰는 도전을 할지도 기대하게 만든다.

자신의 모습을 기대하면서 사는 어른이라니 이만하면 행복하게 살고 있다는 생각이 든다.

뭐든
시작해야
이뤄진다

◇

'이제 평생직업은 없다는데 하나의 직업으로 평생 살 수 있을까?'

'왜 나는 도와주는 사람 하나 없을까? 이러니 아무것도 할 수 있는 게 없어.'

'저 사람은 원래부터 그럴 거야.'

비슷한 생각으로 도돌이표만 찍던 때도 있었다. 나는 못할 것 같아서 아무것도 시도하지 않았더니 아무 일도 일어나지 않았다. 언제 내 안에 열정과 동기가 넘쳐날까 기다려도 생기지 않았다.

블로그를 시작하면서 제일 처음 읽었던 책의 제목은 우연하게도 사사키 후미오의 《나는 습관을 조금 바꾸기로 했다》였다. 거기에 보면 '시작하지 않으면 의욕이 나지 않는 것이 정상'이란 말이 나온다. 그 말이 유난히 가슴을 후벼 팠다. 아무것도 시작하지 않으면서 의욕도 열정도 없다고 하는 내 모습을 말해주는 것 같아서다.

그게 무엇이든 아주 조금만 바꾸는 시작이 중요하다. 한 번에 잘 안 되는 것은 당연하고 작심삼일을 여러 번 반복하면서 나흘마다 새로운 하루가 온다고 생각하면서 시도해보자.

인생의 전환점은 지금이라고, 내가 정하는 순간부터 시작된다. 기다린다고 오는 것도, 우연히 만나게 되는 것도 아니다. 적어도 내가 경험한 전환점은 나의 의지로 시작되었다.

지금 하는 일상의 경험을 콘텐츠의 준비 기간으로 생각하면서 충분한 인풋input이 아웃풋output으로 흘러나올 때, 오프라인이든 온라인이든 기회가 찾아오면 시도하는 용기만 가지면 된다.

무엇을 해야 할지 모르겠다면 누구나 할 수 있는 블로그를 시작하면서 내 안에 숨겨진 콘텐츠를 기록하면서 발견하자. 기록하지 않은 재능과 생각은 효력이 없다. 나의 재능과 새로운 기회 사이에 '기록'이라는 다리를 놓아보자.

대신 시선은 멀리 두고 시작점은 내 안에 찍어야 한다. 내 안에서 시작된 생각이 나의 인생 이야기를 다시 써나가는 기회가 되어줄 것이다. 혹시 마음대로 되지 않는 것이 있다면 시작점으로 바라봐야 한다. 무엇인가 내 뜻대로 되지 않는 지금이 최적의 스타트

타이밍이다.

《정체성의 심리학》에서 인생 이야기를 언제든 새로 쓸 수 있으며 때로는 개인의 노력을 통해, 때로는 불현듯 찾아온 통찰을 통해 그리고 때로는 주변 사람들의 영혼을 울리는 한 마디를 통해 인생의 내용을 바꿀 수 있다고 했다.

지금 바로 내 인생의 내용을 바꾸는 첫 문장을 써보자. 하나의 문장이 문단으로, 하나의 글로 완성될 수 있다. 그렇게 내 안의 가능성과 마주하는 시간을 만들어보자.

목적지가 없는 사람에게는
어떤 바람도 순풍이 아니다.

— 몽테뉴

즐거운 삶에는 자격증이 필요 없다

이유 없는 호의 없고 잘해주기만 하면 이상하게 여기는 게 요즘 사람들의 생각이다. 아무 제약도 조건도 없이 시작하면 된다는 글 쓰는 N잡 생활이 좋기만 하다면 의심의 눈길을 보낼지도 모른다. 하지만 진짜 시간, 공간, 비용의 제약도 없고 학력, 나이, 경력도 무관하다.

나는 여기에 한 가지를 더하고 싶다. 글쓰는 N잡러로 극복했던 가장 큰 한계는 나의 가능성에 대한 의심을 극복한 것이다. 내가 이제까지 한계라고 생각했던 것들이 모두 내가 만들어 낸 것임을 느꼈다. 디지털 노마드의 길은 단순히 돈벌이를 넘어서 내 가능성을 증명하는 수단이 되었다.

'나는 안될 거야'라고 생각했던 과거가 있었기에 지금의 변화와 앞으로의 기회가 기대된다. 그래서 나처럼 평범한 사람도 조금씩 결과를 만들어낼 수 있는 즐거운 N잡 생활을, 더 많은 사람에게 알리고 싶었다.

어떤 일을 시도하는 것에 왜 그렇게 이유와 한계라는 프레임을 씌우고 겁냈는지 모르겠다. 전문적이거나 특수한 임무를 수행해야 한다면 당연히 관련된 자격이 필요하지만 내 삶을 선택하고 시도하는데 무슨 자격이 필요하겠는가.

자기 수용은 자신의 가치를 발견하는 과정이라고 한다. 나는 글쓰기와 N잡 생활을 통해서 나의 가치를 발견해 나가는 수용을 경험했다. 건강하게 자기 수용을 경험하고 나니 이제 있는 그대로 나를 보고 응원할 수 있게 되었다.

스탠퍼드대학교 졸업 축사에서 스티브 잡스는 이렇게 말했다. "여러분의 삶은 한정되어 있으니 다른 사람의 삶을 살면서 여러분의 삶을 낭비하지 마세요."

이제는 피하거나 겁내지 않고 꿈이 있으면 일단 쓴다. 그동안 경험한 것처럼 쓰면 이루어지는 삶이 펼쳐질 것을 믿는다.

잘하는 게 없는 평범한 주부가 N잡러가 되었다.

글쓰기는 배워본 적도 없는데 작가가 되었다.

꿈을 하나라도 찾고 싶었는데 무수히 많은 꿈이 생겨난다.

그래서 오늘 또 다른 N개의 명함을 가지게 할 작은 시도를 한다.

운명처럼 나의 특별한 N잡 라이프를 알아봐 주신 북스고 출판사와 책이 나올 수 있도록 용기를 준 모든 분, 늘 특별한 사람이라고 말씀해주시는 김연수 작가님, 책을 쓰는 동안 배려해준 존경하는 나의 엄마와 사랑하는 남편이 없었다면 나의 도전을 책으로 만나보기 힘들었을 것이다. 무엇보다 나에게 본캐인 엄마란 자리를 선물해준 예은이와 서은이에게 사랑하고 감사하다고 전하고 싶다.

* 참고 문헌

이 책에 사용한 참고 문헌은 다음과 같습니다.

1. 《2030 축의 전환》 마우로 기옌 지음, 우진하 옮김, 리더스북, 2020
2. 《꿈꾸는 다락방》 이지성 지음, 차이정원, 2017
3. 《독서 천재가 된 홍대리》 이지성 , 정회일 지음, 다산라이프, 2011
4. 《리딩으로 리드하라》 이지성 지음, 차이정원, 2016
5. 《여자라면 힐러리처럼》 이지성 지음, 다산북스, 2007
6. 《아침형 인간》 사이쇼 히로시 지음, 최현숙 옮김, 한스미디어, 2003
7. 《미라클 모닝》 할 엘로드 지음. 김현수 옮김, 한빛비즈, 2016
8. 《물은 답을 알고 있다》 에모토 마사루 지음, 홍성민 옮김, 더난출판사, 2008
9. 《나는 할 수 있어》 루이스 L. 헤이 지음, 엄남미 옮김, 나들목, 2018
10. 《나를 증명하라》 조연심 지음, 프레너미, 2017
11. 《영향력을 돈으로 만드는 기술》 박세인 지음, 천그루숲, 2021
12. 《매일 아침 써봤니?》 김민식 지음. 위즈덤하우스, 2018
13. 《트렌드 코리아 2021》 김난도 외 8명 지음, 미래의창, 2020
14. 《무기가 되는 스토리》 도널드 밀러 지음, 이지연 옮김, 윌북, 2018
15. 《회사 말고 내 콘텐츠》 서민규 지음, 마인드빌딩, 2019
16. 《이게 다 심리학 덕분이야》 주현성 지음, 북스토리, 2021
17. 《아주 작은 습관의 힘》 제임스 클리어 지음, 이한이 옮김, 비즈니스북스, 2019
18. 《메모 독서법》 신정철 지음, 위즈덤하우스, 2019
19. 《아웃라이어》 말콤 글래드웰 지음, 노정태 옮김, 최인철 감수, 김영사, 2019
20. 《김연아의 7분 드라마》 김연아 지음, 중앙출판사, 2010
21. 《나는 습관을 조금 바꾸기로 했다》 사사키 후미오 지음, 정지영 옮김, 쌤앤파커스, 2019
22. 《정체성의 심리학》 박선웅 지음, 21세기북스, 2020

돈을 만드는 N잡러의
사람을 모으는 기술

펴낸날 초판 1쇄 2021년 6월 4일

지은이 최광미

펴낸이 강진수
편집팀 김은숙, 김도연
디자인 임수현

인 쇄 (주)사피엔스컬처

펴낸곳 (주)북스고 **출판등록** 제2017-000136호 2017년 11월 23일
주 소 서울시 중구 서소문로 116 유원빌딩 1511호
전 화 (02) 6403-0042 **팩 스** (02) 6499-1053

ISBN 979-11-89612-99-3 13320

책 출간을 원하시는 분은 이메일 booksgo@naver.com로 간단한 개요와 취지, 연락처 등을 보내주세요.
Booksgo는 건강하고 행복한 삶을 위한 가치 있는 콘텐츠를 만듭니다.